Le dico des petits et gros bobos

Prévenir et guérir les maux de vos enfants !

Marjolaine Solaro

avec le Docteur Julie Lemale

ISBN 978-2-7540-2250-7
Dépôt légal : août 2011
Imprimé en France - L57457
Édition : Audrey Bernard
Mise en page intérieure : NPEG.FR
Mise en page couverture : Bérengère Renault
Illustrations de couverture et intérieur : Nathalie Jomard

Éditions First-Gründ
60, rue Mazarine
75006 Paris - France
Tél. : 01 45 49 60 00
Fax : 01 45 49 60 01
e-mail : firstinfo@efirst.com

Site internet : www.editionsfirst.fr

L'auteur

Ancienne journaliste, **Marjolaine Solaro** est désormais rédactrice et réalisatrice pour internet. Maman de deux jeunes enfants, elle s'est spécialisée dans les domaines du médical, de la maternité et de la puéricul ture. En 2008, elle lance le blog www.marjoliemaman.com pour son plus grand plaisir.

L'expert médical

Julie Lemale est pédiatre à Paris. Elle travaille actuellement au sein du service gastro-entérologique pédiatrique de l'hôpital Armand Trousseau-AP-HP (Assistance publique - Hôpitaux de Paris). Elle est l'heureuse maman d'une petite fille... née pendant la rédaction de cet ouvrage !

Remerciements de Marjolaine Solaro

Je remercie de tout coeur Tanguy, Guilem et Séraphine pour leur amour et leur patience.

Merci au Docteur Julie Lemale pour le temps et l'énergie qu'elle a bien voulu mettre dans ce livre et pour tous ses bons conseils.

Merci à Audrey Bernard, Aurélie Starckmann et Eugénie Rambaud pour leur confiance.

Merci au professeur Patrick Tounian et à Emmanuelle Hamet pour leur aide bienveillante.

Merci au docteur Laurent Halfon et au docteur Gilles Cohen qui ont bien voulu éclairer ma lanterne.

Merci à Gwendy Genissel pour sa recette de liniment crémeux !

Et puis merci à : Angèle, Jean, Alice, Julie, Xavier, Manu, Corentin, Maryvonne, Marie, Jé, Sabine, Eric, Nadia, François, Béné, le docteur Fabienne Antoniou et les lecteurs de mon blog... Ils savent tous pourquoi.

Remerciements de Julie Lemale

Je remercie Marjolaine Solaro de m'avoir accordé sa confiance pour la relecture de cet ouvrage.

Préface

Qu'existe-t-il de plus cher que la santé de nos enfants ? Pour tout parent, voir son enfant malade est déstabilisant et peut vite devenir angoissant. Il n'est pas rare d'être désemparé devant une fièvre élevée, l'apparition de boutons, de pleurs nocturnes ou encore des piqûres d'insecte... Les ouvrages médicaux, trop spécialisés, peuvent souvent renforcer l'angoisse des parents devant une liste interminable de maladie et de complications découlant d'un symptôme. De même, les sites Internet sont très inconstants et les conseils donnés souvent erronés. Dans cet ouvrage, Marjolaine Solaro, rédactrice spécialisée dans le domaine médical, nous fait part de son expérience de mère et dresse une liste des principaux maux et blessures pouvant affecter nos chers bambins, du nouveau-né à l'adolescent. Ce manuel constitue un repère pour tout parent : quand faut-il réellement s'inquiéter et consulter en urgence ? Que peut-on faire à la maison pour soulager son enfant ? Quand peut-il retourner à l'école ? Accessible à tous par son style simple et précis, cet ouvrage ne remplace pas une consultation médicale mais il a le mérite d'orienter la personne qui garde l'enfant sur la conduite à tenir. Classés par ordre alphabétique, les maladies, blessures ou accidents sont présentés selon un ordre identique qui permet de se repérer rapidement. Il vous appartient désormais de faire de brillants diagnostics et de mettre en pratique les conseils prodigués ! Au moindre doute, prenez l'avis d'un professionnel de la santé.

Docteur Julie Lemale

Introduction

Évidemment, c'est en pleine nuit que votre enfant se met à tousser d'une manière inhabituelle. Évidemment, c'est un dimanche que des boutons étranges apparaissent derrière ses oreilles. Évidemment, c'est un jour férié, quand la pharmacie est fermée, que vous trouvez des poux dans sa jolie tignasse… Être parent c'est parfois devoir faire la guerre aux microbes, virus et autres petits bobos sans avoir de diplôme de médecin, de pharmacien ou d'infirmier !

Heureusement, *Le dico des petits et gros bobos* est là pour vous accompagner de la naissance jusqu'au début de l'adolescence ! Il vous permettra de confirmer ou d'infirmer votre diagnostic amateur, quitte à vous mettre sur une autre piste. Il vous permettra de reconnaître les symptômes, de guider vos premières réactions, de détecter l'urgence d'une situation, d'envisager l'évolution de la maladie, bref, il vous permettra de faire face à la situation en gardant la tête froide !

Nous avons voulu vous présenter ici le maximum de renseignements et de conseils utiles en vous offrant des informations issues des dernières recherches ou publications médicales et de notre expérience de médecin et de maman. Ce dictionnaire n'est cependant pas exhaustif et ne remplace pas une consultation médicale. Volontairement, nous n'évoquons que très peu les remèdes homéopathiques dont l'utilisation doit être adaptée très précisément au malade et dont les résultats ne sont pas prouvés scientifiquement.

Nous vous recommandons de demander conseil à votre médecin ou à votre pharmacien systématiquement en cas de doute sur une maladie ou sur l'administration d'un médicament.

Bonne lecture et surtout, bonne santé à votre famille !

Légendes

Afin de naviguer au mieux dans cet ouvrage, nous vous proposons une légende explicative.

Description du bobo ou de la maladie (symptômes et mécanismes physiologiques) : de quoi parle-t-on ? comment l'identifier ? de quoi s'agit-il ?

À faire tout de suite/d'urgence : si le mal nécessite une action rapide, elle est expliquée.

Consulter un médecin : nous vous informons de l'éventuelle nécessité de consulter un médecin rapidement, en urgence ou s'il faut prévoir une consultation prochainement.

Contagion : nous vous indiquons si le mal est contagieux, de quelle manière et pendant combien de temps.

Garder à la maison : nous précisons si le mal nécessite la mise au repos de l'enfant ou une éviction des collectivités.

Guérison : nous vous indiquons le temps nécessaire à la guérison.

Remèdes pharmaceutiques/médicaux : ce paragraphe fait l'inventaire des médicaments prescrits par les médecins ou à acheter en pharmacie afin de traiter au mieux le mal.

Remèdes complémentaires alternatifs : nous vous proposons des idées en plus pour aider l'enfant à se remettre au mieux. Il peut s'agir de conseils de bons sens, de remèdes dits « de grands-mères » qui complètent un éventuel traitement médical...

Prévention : ou comment éviter le mal si c'est possible. Nous vous indiquons quelques mesures préventives et s'il existe un vaccin, par exemple.

Attention ! : ce paragraphe pointe un élément qui nécessite particulièrement votre attention, comme un effet indésirable d'un médicament ou une possible complication de la maladie.

L'info en plus : nous vous donnons ici un renseignement qui ne figure pas dans les autres rubriques.

* Les mots suivis d'une astérisque sont expliqués dans le glossaire, page 195.

A

ABEILLE

Voir « Guêpe (piqûre de) », page 78.

ACNÉ

L'acné fait partie des signes qui montrent que votre enfant grandit... Il faut désormais l'envisager comme un/une pré-ado ou peut-être même comme un/une ado.

La peau de votre enfant est grasse. Elle présente des petits kystes, des boutons rouges, des boutons rouges à têtes blanches, des points noirs... Ce sont les hormones qui provoquent un excès de sébum* et entraînent la formation de boutons.

Si votre enfant a beaucoup de boutons ou qu'il souffre d'une véritable gêne à cause de l'acné, prenez conseil auprès de votre médecin qui vous orientera vers un dermatologue si besoin.

L'acné disparaît en général au maximum vers 25 ans, mais certaines personnes en souffrent toute leur vie avec plus ou moins d'intensité.

Nettoyez les boutons avec un antiseptique. Oubliez l'alcool à 60° qui assèche la peau et relance la production de sébum.
Pour tout traitement par crème ou par voie orale, nous vous recommandons de prendre conseil auprès de votre médecin. Si la situation le nécessite, il pourra prescrire des antibiotiques locaux ou oraux.

Tripoter les boutons risque d'entraîner des cicatrices définitives.
Certains médicaments ou crèmes cosmétiques peuvent provoquer de l'acné.

Un lavage du visage matin et soir avec un pain surgras ou avec un savon d'Alep permet d'avoir une bonne hygiène de base qui évite les infections. Mieux vaut éviter le savon comme le savon de Marseille qui agresse la peau.
Conseillez à votre enfant de se laver le visage après ses activités sportives pour éviter la macération de la transpiration.

Un nettoyage de peau chez l'esthéticienne peut améliorer la situation.

Votre ado doit éviter de s'exposer au soleil, car si ce dernier à un effet positif les premiers temps, il relance ensuite l'acné de plus belle.

L'acné touche plus de 90 % des garçons et plus de 80 % des filles à l'adolescence. Dites-le à votre ado, il se sentira moins seul !

ACNÉ DU NOURRISSON

Un peu disgracieux mais pas bien méchants, les boutons de l'acné du nourrisson ne vous empêcheront pas de trouver que votre bébé est le plus beau !

Pas besoin d'attendre l'adolescence, pour certains l'acné fait son apparition seulement quelques jours après la naissance, la faute aux hormones de maman. Il peut s'agir de petits points blancs ou de boutons rouges à têtes blanches sur le visage.
Les boutons peuvent parfois s'étendre au reste du corps.

Pas d'urgence, vous le signalerez lors de la prochaine visite obligatoire chez votre médecin.

Les boutons disparaissent d'eux-mêmes vers l'âge de deux mois environ.

Il suffit de nettoyer les boutons avec une solution antiseptique type *Biseptine* matin et soir.
Si les boutons présentent une surinfection, le médecin pourra vous prescrire une petite crème antibiotique (*Fucidine*).

Utilisez de l'eau minérale en brumisateur pour nettoyer le visage matin et soir en séchant bien avec un mouchoir jetable.
Évitez les lotions et autres corps gras.

Ne percez pas les boutons, au risque de provoquer une surinfection et des cicatrices indélébiles.
Si les boutons sont encore là au-delà des deux mois du bébé, consultez votre pédiatre ou un dermatologue.

Un nouveau né sur cinq est touché par l'acné du nourrisson.

ALLERGIE ALIMENTAIRE

Les allergies alimentaires sont de plus en plus courantes.

Les allergies alimentaires sont nombreuses et se présentent sous différentes formes que nous classerons en deux catégories :
– avec réaction rapide : bronchospasme*, rougeur, gonflement, urticaire...
– avec réaction retardée : vomissements, douleurs abdominales, diarrhée, allergie cutanée (eczéma...).
Des tests sanguins viendront éventuellement confirmer l'allergie mais des tests sanguins négatifs peuvent tout de même cacher une allergie.
S'il y a des personnes allergiques dans la famille, l'enfant a plus de chance de développer des allergies alimentaires.

En cas de bronchospasme ou de détresse respiratoire, donnez de la *Ventoline* si vous en avez.

Rendez-vous aux urgences ou appelez le Samu (15 ou 112) si votre enfant gonfle, a des spasmes qui empêchent sa respiration ou devient rouge.
Si votre enfant présente une réaction retardée citée ci-dessus ou un urticaire, consultez rapidement.
Consultez votre médecin si vous constatez que votre enfant perd du poids ou que son poids stagne. Une mauvaise prise de poids peut être due à une allergie alimentaire.

Pour faire face aux réactions cutanées, on utilise des antihistaminiques (*Polaramine*, *Aerius*...).
Lorsque l'allergie entraîne une gêne respiratoire, on fait appel à la Ventoline et à un corticoïde (*Solupred*, *Célestène*...). En cas d'aggravation des signes, on peut utiliser un stylo d'adrénaline (*Anakit*, *Anapen*...).
Composez-vous une trousse d'urgence sur les conseils de votre médecin avec ce qu'il faut pour réagir en cas d'ingestion accidentelle d'aliments allergisants.

Les aliments les plus allergènes sont : le lait de vache (voir « Allergie au lait de vache », page 14), l'œuf, le kiwi, l'arachide, le poisson, les fruits à coque (surtout la noisette) et la crevette.

La tolérance à certains aliments peut être progressive. Il s'agit de déterminer un seuil de tolérance à l'hôpital. Ces réintroductions alimentaires doivent s'effectuer exclusivement en milieu hospitalier, ne tentez rien par vous-même à la maison !

À noter que les allergies aux fruits à coque, à l'arachide, aux poissons et crustacés ont tendance à persister.

Suivez les recommandations de votre médecin au moment de la diversification et en cas de doute, reportez-vous au carnet de santé.
Il est important de ne pas exposer son enfant aux aliments auxquels il est allergique, soyez vigilant !
Si votre enfant souffre d'allergies alimentaires, il est impératif de le signaler à la collectivité dans laquelle il évolue. De même, signaler ses allergies à chaque personne qui le garde.
Dès son plus jeune âge, apprenez-lui à dire qu'il est allergique à tel aliment et à ne pas accepter la nourriture qu'on peut lui proposer.
Suivant les réactions allergiques, certains aliments seront proscrits ou devront être consommés en petite quantité.

ALLERGIE AU LAIT DE VACHE

L'allergie au lait de vache touche les enfants de moins de 1 an.

Au moment du sevrage du lait maternel vers le lait artificiel, votre enfant vomit son lait, a des diarrhées ou de l'eczéma de manière régulière après le repas.
La constipation peut être un signe d'allergie au lait de vache.
Il s'agit d'une intolérance aux protéines du lait de vache.

Si vous suspectez une allergie aux protéines de lait de vache, consultez rapidement.
Si votre enfant a du mal à respirer ou qu'il gonfle (œdème de Quincke*), direction les urgences !

La tolérance sera acquise vers 1 an en général.

Il faut remplacer le lait par un hydrolysat de protéines de lait de vache (*Pepti Junior*, *Pregestimil*...) disponible en pharmacie.

Méfiez-vous lors de la diversification ! Ne mettez pas de lait de vache dans la purée si votre enfant est allergique, utilisez l'hydrolysat prescrit !

La réintroduction sera faite en milieu hospitalier, ne la tentez surtout pas sans surveillance médicale à la maison, car il y a un risque de réaction aiguë.

Ne remplacez pas le lait de vache par du lait de soja, de brebis, de chèvre ou autre, car votre enfant peut également y être allergique et ces formules ne sont souvent pas adaptées pour les nourrissons.

Il est impératif de signaler cette allergie au personnel de la crèche, à la nounou ou à toute personne qui garde votre enfant.

L'allergie au lait de vache ne doit pas être confondue avec l'intolérance au lactose qui peut intervenir à partir de l'âge de 3-4 ans. Chez environ 10 % de la population, la baisse de l'enzyme lactase entraîne une difficulté à digérer le lait. Les personnes intolérantes au lactose se sentent ballonnées ou éprouvent un dégoût pour le lait.

ALLERGIES RESPIRATOIRES

Elles sont assez pénibles pour l'enfant et nécessitent une prise en charge.

L'allergie respiratoire peut se traduire par différents symptômes isolés ou couplés – toux, rhinite allergique (voir page 131), asthme – et s'accompagner également d'urticaire, d'eczéma ou d'une conjonctivite.
L'inhalation de certaines substances comme les pollens, les poils d'animaux ou les moisissures peuvent entraîner des allergies qui perturbent le système respiratoire.
S'il y a des antécédents d'allergies dans la famille, l'enfant a plus de risque de développer une allergie respiratoire.

Éloignez l'enfant de la source d'allergie.
Faites-le respirer calmement à l'air frais.

Consultez en urgence si l'allergie entraîne une gêne intense pour respirer ou si le visage de votre enfant se met à gonfler (œdème de Quincke*).
Consultez rapidement afin de soulager votre enfant, les allergies respiratoires doivent être identifiées. Le médecin vous orientera si besoin vers un allergologue.

Une fois l'exposition à l'allergène terminée, l'enfant se remet rapidement. Cependant, certaines personnes cumulent plusieurs allergies et en souffrent durant plusieurs mois.

Les antihistaminiques sont tout indiqués (*Polaramine*, *Aerius*...) pour soulager ces allergies.

Il est possible d'effectuer une désensibilisation à certains allergènes en suivant un protocole strict au moyen de piqûres ou de gouttes à mettre sous la langue.

La fumée de cigarettes est un facteur aggravant, n'exposez pas votre enfant au tabagisme passif.
Donnez une douche à votre enfant après les expositions aux allergènes (contact avec un chien, jeu dans une grange poussiéreuse, etc.).
Si votre enfant est allergique aux acariens, changez ses draps toutes les semaines, lavez-les à 60 °C et aérez scrupuleusement sa chambre chaque jour. De même, le ménage doit y être effectué soigneusement. Traquez la poussière !
Si votre enfant est allergique aux moisissures, ne laissez pas s'installer l'humidité. Nettoyez la salle de bains consciencieusement à l'eau de Javel en rinçant à grandes eaux.

AMPOULE

Assez gênantes, les ampoules se localisent la plupart du temps au pied.

La peau présente une zone arrondie blanche, bombée et gorgée d'eau.
L'ampoule fait souffrir lorsque l'on appuie dessus.

Nettoyez l'ampoule avec un antiseptique doux (*Dermaspray*, *Biseptine*, *Diaseptyl 0,5 %*).
Si l'ampoule est petite, laissez-la guérir seule. Si elle est importante, percez-la de part en part avec une aiguille (brûlée puis refroidie ou désinfectée à l'alcool) dans laquelle vous aurez inséré un fil propre. Laissez le fil entrer et sortir de l'ampoule afin de drainer l'eau. Désinfectez à nouveau et laissez à l'air durant une heure puis enlevez le fil.
Sur une peau sèche et propre, appliquez un pansement hydrocolloïde spécial ampoule (*Compeed*, *Mercurochrome*, *Scholl*...) qui soulagera la douleur des frottements et aidera à la reconstruction de la peau.

N'enlevez pas la peau blanche qui recouvre l'ampoule, car vous risquez de l'infecter.

Une ampoule met 5 jours à cicatriser, au grand maximum.

Laissez les pieds à l'air si la saison le permet : en sandales ou en tongs.
Ne mouillez pas le pansement spécial ampoule, il risque de se décoller.

Vérifiez que votre enfant porte des chaussures à sa taille. Trop grandes ou trop petites, elles peuvent créer des ampoules.

ANÉMIE

Une petite baisse de forme ? L'anémie peut en être responsable.

Votre enfant est de plus en plus fatigué, il a une petite mine.
L'intérieur de ses paupières est rose pâle.
Il s'agit d'un manque de globules rouges dans le sang dû en majorité à une carence nutritionnelle en fer.
Une prise de sang pourra confirmer l'anémie si besoin.

Si vous suspectez une anémie, consultez rapidement le médecin afin d'établir un traitement adapté et de rechercher les causes de cette anémie.

Il existe différents médicaments pour combler les carences en fer : *Ferrostrane*, *Tardyferon* (pour les plus de 6 ans).
Le traitement peut aussi comprendre une supplémentation en vitamine C, en vitamine B12 ou en acide folique.

L'anémie peut être le signe de différentes affections. Il est important d'en trouver les raisons et d'établir de quel type d'anémie il s'agit.

Favorisez les aliments riches en fer et vitamine B12, avant tout le boudin, le foie, la viande, les légumes secs (lentilles, haricots blancs, etc.), le poisson, le cacao ainsi que ceux chargés en vitamine C (agrumes, brocolis, etc.) qui favorisent l'absorption du fer.
Soyez prudent si votre adolescent boit du thé en grande quantité, cela peut empêcher la bonne absorption du fer.

Une alimentation variée suffit à prévenir l'anémie si elle est due à une carence nutritionnelle.

La déficience en fer est fréquente chez les adolescentes en raison des pertes liées aux règles. Surveillez cela de près.

ANGINE

L'angine touche majoritairement les enfants de 5 à 15 ans.

Votre enfant a mal à la gorge. La douleur peut l'empêcher de boire ou de manger car le simple fait d'avaler sa salive est douloureux. La sensation de douleur peut remonter jusqu'aux oreilles.
Sa gorge est rouge, il peut y avoir des points blancs sur les amygdales.
La fièvre, des frissons, des maux de ventre et des vomissements peuvent venir compléter le tableau.
Dans la grande majorité des cas, l'angine est due à un virus*.

Si le mal de gorge persiste plus de 2 jours, consultez votre médecin.

Si elle est d'origine virale, l'angine est contagieuse.

À vous d'évaluer son état général. Le repos l'aidera à récupérer plus vite.

La guérison doit s'effectuer en 48 heures.

Administrez du paracétamol pour soulager la douleur (*Efferalgan, Doliprane, Dafalgan*...).

Adaptez l'alimentation de votre enfant. Donnez-lui des purées, des préparations lisses, des compotes, des soupes... Le froid a une action anesthésiante, faites-lui plaisir et du bien en lui proposant une glace !
Proposez-lui à boire plus souvent que d'habitude.
Proposez une cuillère de miel dans une boisson chaude ou seule (sauf aux enfants de moins de 1 an en raison d'un risque de botulisme*).
Les bonbons à la guimauve ou à la réglisse (vendus en pharmacie) auraient un effet apaisant sur la gorge. Quand bien même, c'est un bon placebo qui va régaler votre enfant et lui remonter le moral !
Vous pouvez apaiser la douleur en appliquant des compresses chaudes dans le cou sous la mâchoire.
Protégez la gorge de votre enfant avec une écharpe en soie, sauf pour les bébés afin de ne pas risquer un étranglement.

Il existe désormais des kits qui permettent à votre médecin de savoir si l'angine est d'origine bactérienne ou virale et de savoir si les antibiotiques peuvent avoir une utilité.

ANOREXIE

L'anorexie mentale est un trouble qui touche essentiellement les adolescents et doit être pris très au sérieux.

Votre enfant ne s'alimente plus ou très peu. Cela touche les filles en majorité.
Il/Elle se trouve trop gros(se) et suit un régime draconien.
De nombreux signaux peuvent vous mettre la puce à l'oreille : votre fille qui était réglée n'a plus de règles, elle a un retard de puberté, elle est tyrannique, elle surveille l'assiette des autres, elle participe à la préparation du repas sans y toucher, elle est hyperactive, elle fait beaucoup de sport, elle s'isole de ses proches, elle a beaucoup maigri, elle sélectionne les aliments et ne mange plus comme tout le monde.

Ne rentrez pas en conflit avec votre enfant en ce qui concerne la nourriture. Ouvrez le dialogue et essayez de comprendre pourquoi il/elle ne veut plus manger.

L'anorexie révèle une grande souffrance de votre adolescent, consultez le plus rapidement possible même si vous n'êtes pas certain qu'il y ait anorexie. Cette consultation permettra peut-être de détecter le trouble avant qu'il ne soit trop avancé.

AOÛTAT (PIQÛRE D')

Ils ne sont pas visibles à l'œil nu et pourtant, ils peuvent transformer une belle partie de jeu au jardin en horrible partie de grattouille.

Votre enfant présente des boutons de 2 à 3 mm, rouges et bombés.
Ces boutons se localisent aux pliures (aisselles, entrejambe, derrière les genoux...) et forment une sorte de chapelet ou de grappe retraçant le chemin de l'aoûtat.

Les démangeaisons apparaissent 24 h après une exposition aux aoûtats dans un jardin.
L'aoûtat est une espèce d'acariens qui peut mesurer jusqu'à 3 mm.
Ce sont les larves d'acariens qui parasitent le corps et entraînent les démangeaisons.

Si les démangeaisons persistent plus de 4 jours ou que les boutons enflent démesurément, consultez un spécialiste.

Les boutons peuvent rester plusieurs semaines, mais les démangeaisons s'amenuisent au bout de 3 à 4 jours.

Si les démangeaisons deviennent insupportables, votre médecin pourra prescrire une pommade à la cortisone et un antihistaminique par voie orale.

Un bain bien chaud et un savonnage au savon de Marseille auraient un effet apaisant et détruiraient les aoûtats.
Si les boutons n'ont pas été écorchés, vous pouvez appliquer des compresses d'eau de Cologne ou de vinaigre lors des crises de démangeaison.
Le jus de feuilles de tomates aurait également un effet apaisant sur ce type de piqûres.

Faites en sorte que votre enfant porte des vêtements fermés, surtout au niveau des jambes... Il existe des insecticides à pulvériser dans le jardin pour éradiquer les aoûtats mais vous pouvez planter dans votre jardin de la menthe et de la citronnelle qui sont des répulsifs naturels.

Les aoûtats sévissent surtout de juillet à septembre.

APHTE

À tout âge, votre enfant peut avoir des aphtes, un petit mal pénible à traiter avec attention.

Il s'agit de petites ulcérations blanches dans la bouche. Le plus souvent, ils sont localisés sur ou sous la langue ou à l'intérieur des joues.
L'aphte a une forme de cratère et sa taille varie entre 1 mm et 1 cm.
Les aphtes sont douloureux et peuvent être une véritable gêne au quotidien pour votre enfant, surtout lors des repas.
Les enfants portant des appareils dentaires sont facilement sujets aux aphtes.

Les aphtes ne sont pas contagieux.

Ils disparaissent en moins d'une semaine.

Il faut d'abord assainir le milieu avec un bain de bouche adapté à l'âge de l'enfant s'il en est capable.
On peut effectuer des bains de bouche à l'aspirine en poudre (*Aspégic*) sans que l'enfant n'avale le produit.
Si la douleur devient problématique, il est possible d'appliquer un anesthésique local.
Un traitement homéopathique peut être utile et il a l'avantage d'être adapté également aux plus jeunes enfants. Demandez conseil à votre pharmacien ou à votre médecin.

Sur un coton-tige, mettez quelques gouttes de jus de citron, de vinaigre ou de bicarbonate de soude dilué dans un peu d'eau. Appliquez ce coton-tige sur l'aphte durant une dizaine de secondes. L'application va être douloureuse mais très efficace.

Si votre enfant est sujet aux aphtes, il vaut mieux éviter certains aliments qui favorisent leur apparition comme les fruits secs, le kiwi, l'ananas, les agrumes, les tomates ou encore certains fromages comme le gruyère.

Les aphtes peuvent être récidivants, dans ces cas-là, prenez conseil auprès de votre médecin et ayez toujours sous la main de quoi soigner ou soulager votre enfant.
Le stress et la fatigue sont souvent mis en cause dans la présence d'aphtes, le rythme est peut-être trop difficile à tenir pour lui.

APPENDICITE AIGUË

L'appendicite est une maladie peu fréquente chez l'enfant de moins de 5 ans.

Votre enfant se plaint d'une douleur intense et continue au bas-ventre à droite. Le ventre se raidit à la palpation.
Il a une fièvre aux alentours de 38 °C, 38,5 °C.
Il peut éventuellement boiter, avoir la nausée, vomir.

Il s'agit d'une inflammation de l'appendice qui se trouve à la jonction du petit intestin et du côlon.

Il s'agit d'une urgence chirurgicale, rendez-vous aux urgences immédiatement. À l'hôpital, des examens confirmeront s'il s'agit bien de ça et s'il faut ou non opérer.

ASTHME

Face à l'asthme, votre calme sera la meilleure arme.

L'asthme se manifeste par des crises lors desquelles l'enfant s'étouffe. Il se met à tousser ou à siffler.
Les grands enfants sont surtout gênés dans la phase d'expiration.
Les crises se déroulent le plus souvent durant la nuit.
L'asthme est une maladie chronique inflammatoire des bronches qui a différentes causes (allergies, efforts, pollution, angoisse...).
Si des personnes de la famille souffrent d'asthme ou d'allergies (rhinites allergiques, eczéma), l'enfant a plus de risques de développer de l'asthme.

Restez calme, ne créez pas plus d'agitation autour de votre enfant et faites-le s'asseoir.
Si votre enfant a déjà eu une ou plusieurs crises, administrez-lui des broncho-dilatateurs.
Si c'est la première fois, consultez en urgence.
Si l'asthme a une raison allergique, débarrassez-vous ou éloignez le malade de l'allergène en cause.

Rendez-vous aux urgences si la crise dure plus de 4 heures, si son état s'aggrave, si votre enfant lutte pour respirer (les ailes de son nez s'ouvrent, sa respiration entraîne un creux au niveau du sternum*), s'il fait des apnées, s'il ne parvient pas à reprendre sa respiration (il respire trop vite ou trop lentement), si ses lèvres bleuissent, si son teint prend une couleur grisâtre, s'il pâlit fortement. Appelez le Samu (15 ou 112).
Signalez une toux persistante à votre médecin lors de la prochaine consultation.
En cas d'asthme déclaré, il faudra chercher les causes et éventuellement consulter un allergologue.

Une crise d'asthme doit être facilement soulagée par le traitement broncho-dilatateur, sinon consultez votre médecin.

Il s'agit de permettre à votre enfant de mieux respirer lors de la crise en lui administrant un broncho-dilatateur (*Ventoline*, *Bricanyl*, etc.) avec une chambre d'inhalation (*Babyhaler*) ou directement à l'inhalateur selon l'âge et les besoins de l'enfant.

Nettoyez soigneusement la chambre d'inhalation de votre bébé selon les recommandations de la notice.
Traquez les poussières, poils d'animaux et acariens dans la maison, ils favorisent les allergies responsables d'asthme. Aérez la literie quotidiennement.
Aérez tous les jours chaque pièce de votre habitation.
La pratique régulière et non intensive d'un sport permet d'espacer les crises.

Le tabac est un facteur de risques car il fragilise les poumons de l'enfant. Il faut arrêter de fumer pendant la grossesse et s'abstenir de fumer en présence de l'enfant et plus généralement dans la maison.
Ne sortez pas votre enfant lors des pics de pollution et de manière générale, évitez les zones où il y a beaucoup de circulation.
Évitez de le confronter aux choses auxquelles il est allergique.
Veillez à la bonne hygiène du nez de votre enfant.
Le médecin pourra prescrire un traitement de fond de corticoïdes locaux (*Flixotide*, *Becotide*...) en cas de crises d'asthme répétées.

Chez l'enfant de moins de 2 ans, après trois bronchiolites (voir page 29) d'affilée, on parle d'asthme du nourrisson. Celui-ci peut se résoudre dans les premières années de vie. L'enfant est cependant fragilisé et risque de refaire des crises s'il est en contact avec un virus et l'asthme du nourrisson peut se transformer en asthme chronique.

B

BCGite

Le vaccin contre la tuberculose, le BCG, n'est plus obligatoire. Il est tout de même recommandé dans quelques régions comme l'Île-de-France ou la Guyane.

Vous avez fait vacciner votre enfant contre la tuberculose. Entre 1 à 3 mois après la vaccination, vous constatez que l'endroit qui a été piqué gonfle et devient rouge-violet ou bien qu'il forme une boule dure.
L'abcès va s'ouvrir et laisser s'écouler du pus.

Cette réaction est très classique et ne nécessite pas une consultation. Signalez-la à votre médecin lors de la prochaine visite.

La BCGite guérit spontanément sans traitement.
Elle met parfois plusieurs mois voire plus d'un an à guérir. Elle laissera une cicatrice plate ou un peu creusée.

Nettoyez avec une solution antiseptique une fois par jour.

Il ne faut surtout pas presser pour faire sortir le liquide. Vous risqueriez d'infecter la cicatrice.

Laissez au maximum à l'air libre. Si la plaie est ouverte ou si du pus coule, couvrez avec un pansement.
Placez une compresse entre les habits et la peau pour éviter les frottements.
Si la plaie est sèche, appliquez chaque soir un peu d'argile verte du bout du doigt sur la cicatrice puis replacez une compresse par-dessus. Enlevez l'argile séchée le matin à l'eau tiède et remplacez la compresse par une nouvelle.
Évitez les bains en piscine ou en mer tant que l'abcès coule.

BLEU

Voir « Hématome », page 82.

BOSSE

Voir « Hématome », page 82.

BOULIMIE

À ne pas confondre avec la fringale, la boulimie est un trouble du comportement alimentaire qui doit vous alerter.

La boulimie touche essentiellement les adolescentes. L'adolescente va se retrouver à manger une très grande quantité de nourriture de manière incontrôlable, sans faim, ni plaisir. Elle se sent ensuite abattue et coupable.
Il vous est difficile de le savoir, car elle va le faire en cachette. Surveillez donc d'autres signes : les réserves de nourritures descendent vitesse grand V, votre fille est déprimée, angoissée, elle se déprécie, elle va aux toilettes systématiquement après chaque repas ou bien elle alterne des phases de restriction et d'autres où elle se gave.
La prise de poids n'est pas un indice fiable, car l'adolescente peut se faire vomir après sa crise.

La boulimie touche certes beaucoup moins les garçons, mais elle peut être tout aussi grave pour eux.

Tentez d'ouvrir la discussion avec votre enfant sans l'attaquer de manière frontale. Écoutez-le.

Consultez le plus vite possible car un(e) ado boulimique est en grande souffrance morale.

Lors d'une fringale, un ado va manger de grandes quantités d'aliments qu'il aime alors que lors d'une crise de boulimie, l'ado perd le contrôle et va manger tout ce qui se trouve dans le réfrigérateur.

BOUTONS DE CHALEUR

Ces petits boutons, pas bien méchants, touchent essentiellement les enfants de moins de 2 ans.

La peau de votre enfant présente une collection de petits boutons ronds, bombés et rouges au niveau du cou, du dos ou des plis.
Les boutons peuvent démanger.
Comme leur nom l'indique, les boutons de chaleur pointent le bout de leur nez lors des périodes chaudes et ensoleillées.
Il s'agit d'une réaction de la peau à la transpiration.

Les boutons de chaleur disparaissent en 24 à 72 heures.

Pas besoin de traitement, ils disparaissent par eux-mêmes dans la plupart des cas. Si les boutons persistent plus d'une semaine ou qu'ils sont accompagnés de fièvre, consultez rapidement votre médecin.

Douchez l'enfant tous les jours avec un gel sans savon. Séchez-le soigneusement en tapotant avec une serviette éponge.
Faites porter à votre enfant des body en coton pour éviter l'irritation et la macération ou mieux encore, laissez-le torse nu.

Ne le laissez pas en contact direct avec un transat, une poussette ou une chaise haute qui le fait transpirer. Intercalez un lange en coton par exemple.
Lors des voyages en voiture, habillez votre enfant avec des vêtements en coton et placez un lange en coton derrière sa tête.
N'hésitez pas à faire dormir votre enfant en body sans pyjama et sans turbulette, s'il fait chaud.

Surveillez l'évolution des boutons. S'ils deviennent jaunes et purulents, rendez-vous chez votre médecin pour enrayer la surinfection.

BOUTON DE FIÈVRE

Voilà un mal bien embêtant qui va revenir régulièrement.

Votre enfant a déjà été exposé au virus de l'herpès (sans forcément que vous vous en rendiez compte) et il développe un petit bouton (vésicule*) en bordure de la lèvre. Un liquide clair va s'écouler, puis le bouton va se couvrir d'une croûte jaunâtre.
Le bouton gratte, chauffe, pique, génère des fourmillements…
Chez le tout-petit, l'herpès peut se développer dans la bouche et donner une stomatite herpétique. Il va avoir des aphtes dans la bouche (joues, gencives, langue, lèvres…). Cette poussée est accompagnée

de fièvre élevée. Des boutons autour de la bouche et du nez peuvent venir compléter le tableau. La douleur peut empêcher de boire ou de manger.

Si votre enfant a déjà eu des boutons de fièvre, appliquez le plus rapidement possible l'antiviral prescrit antérieurement, dès les premiers picotements annonciateurs de la poussée.

En cas de stomatite* herpétique, si votre enfant refuse de boire, veillez à ce qu'il ne présente pas de signe de déshydratation (voir page 52). Si vous suspectez une déshydratation, rendez-vous immédiatement aux urgences.
S'il s'agit du premier bouton de fièvre de votre enfant, consultez rapidement pour confirmer le diagnostic.

L'herpès est très contagieux : le plus souvent, les enfants sont contaminés par le bisou de leur papa ou leur maman.
Il faut faire attention à ce que l'herpès ne se propage pas aux yeux et donc empêcher l'enfant de se gratter et de se frotter les yeux ensuite.

En cas de stomatite herpétique, l'éviction des collectivités est conseillée jusqu'à disparition des boutons.

Le virus restera dans le corps et reviendra n'importe quand. En moyenne, une personne herpétique compte 2 poussées par an, mais cela peut aller jusqu'à plus d'une demi-douzaine.
Il faut une semaine ou deux pour se remettre d'une stomatite herpétique.

Le médecin prescrira éventuellement un antiviral pour traiter le bouton.
Également appelée aphtose fébrile, la stomatite herpétique nécessite la prise d'antipyrétiques (paracétamol) pour contrer la fièvre. Une réhydratation à l'hôpital peut être nécessaire dans les cas sévères.

Chez l'adolescent, les symptômes de l'herpès peuvent être plus violents.
L'herpès peut être très dangereux chez l'enfant immunodéprimé.

Empêchez votre enfant de toucher son bouton.
Les huiles essentielles de mélisse sous forme de pommade auraient une action antivirale. Demandez conseil à votre pharmacien.

Si un parent souffre d'herpès, il ne doit pas embrasser un enfant lorsqu'il a un bouton.
Les enfants souffrant d'eczéma sont plus sensibles au virus de l'herpès

en raison de la fragilité de leur peau. Pensez à bien l'hydrater.
Le stress et la fatigue favoriseraient les poussées, votre enfant doit vivre dans un environnement serein.
Les UVB du soleil seraient responsables de poussées fréquentes, pensez à toujours bien protéger la peau de votre enfant.
Chez l'adolescente, les variations hormonales (puberté, règles...) peuvent provoquer des crises.

BRONCHIOLITE

Chaque année, la bronchiolite sévit d'octobre à mars chez les enfants de moins de 2 ans. Elle peut se révéler très dangereuse chez le nourrisson.

La bronchiolite est une infection virale respiratoire touchant les bronches.
Tout commence par un rhume et une toux.
Le bébé a du mal à respirer et de la fièvre.
Il fait du bruit en respirant (comme un sifflement) et semble très encombré.
Sa respiration est rapide.
Il a du mal à prendre le sein ou à boire ses biberons.
Son sommeil est perturbé.

Effectuez des lavages de nez au sérum physiologique pour désobstruer le nez.
Donnez du paracétamol pour limiter la fièvre (*Efferalgan, Doliprane*...).

Rendez-vous aux urgences si le bébé a moins de 3 mois, s'il est prématuré ou s'il a des problèmes cardiaques ou pulmonaires, s'il éprouve des difficultés à respirer (les ailes de son nez s'ouvrent, sa respiration entraîne un creux au niveau du sternum*), ou encore s'il ne parvient plus à s'alimenter.
Consultez dans la journée si vous suspectez une bronchiolite.

Le virus* responsable de 70 % des bronchiolites est très contagieux et se transmet par les sécrétions nasales. Le virus vit jusqu'à 7 heures sur les objets ou les mains. Il est important de bien se laver les mains pour éviter la transmission.

Elle dure en général une semaine mais la toux peut persister plus longtemps.

La bronchiolite étant due à un virus, il n'y a pas de traitement efficace au niveau médicamenteux.
Les sirops antitussifs sont strictement contre-indiqués.
Quelques séances de kinésithérapie respiratoire pourront améliorer le confort du bébé s'il a beaucoup de sécrétions. Ces séances sont impressionnantes pour les parents, car l'enfant pleure et hurle mais il ne souffre pas. Le site www.bronchiolite.org vous permet de trouver en ligne les coordonnées des kinésithérapeutes de garde.

Fractionnez les repas.
Effectuez des lavages de nez au sérum physiologique avec éventuellement l'aide d'un mouche-nez avant chaque repas, chaque coucher et autant de fois que cela vous semble nécessaire.
Inclinez le matelas de son lit ou de son couffin à 30° pour faciliter sa respiration.

Évitez de fréquenter les transports en commun et lieux publics avec un nourrisson.
Lavez-vous les mains avant chaque repas, avant et après les soins prodigués à votre enfant et après chaque sortie.
Aérez la chambre de votre enfant et maintenez la température à 19 °C.
Ne fumez pas en présence de votre enfant et plus généralement, ne fumez pas dans la maison, même dans les pièces dans lesquelles il ne dort pas.
Le virus peut se traduire par un simple nez qui coule chez l'adulte. Portez un masque en cas de rhume.

Les bronchiolites à répétition peuvent être le signe d'un asthme, parlez-en à votre médecin.

BRONCHITE

Lors des périodes froides, la bronchite attaque !

Elle est souvent précédée d'un rhume ou d'une grippe.
La manifestation majeure est la toux. D'abord sèche puis grasse, elle devient très productive.

La respiration est rapide, bruyante et difficile.
La bronchite s'accompagne éventuellement de fièvre, d'un nez encombré, de fatigue, de courbatures et de douleurs (sensation de brûlure) au niveau du thorax ou du sternum*.
La bronchite est une inflammation des bronches d'origine virale.
Les enfants allergiques ou asthmatiques sont plus exposés aux bronchites.

Consultez dans la journée pour poser un diagnostic et éventuellement vérifier par une radio des poumons s'il existe un risque de pneumopathie*.
Si votre enfant à une fièvre élevée (plus de 38,5 °C) depuis 2 jours ou si les symptômes s'aggravent, consultez votre médecin.
Rendez-vous aux urgences si votre enfant lutte pour respirer (les ailes de son nez s'ouvrent, sa respiration entraîne un creux au niveau du sternum), s'il devient bleu, s'il crache du sang ou si sa respiration est sifflante.
Consultez à nouveau si la bronchite continue au-delà de 15 jours.

La bronchite est contagieuse et se transmet par microgouttelettes dans l'air.

Gardez votre enfant à la maison quelques jours, le temps pour lui de se remettre. Le fait de respirer difficilement est très fatigant. Il est également conseillé d'éviter les collectivités en raison du risque contagieux les premiers jours.

Un enfant se remet en 15 jours.

Le paracétamol peut être utile en cas de fièvre et de douleurs.
En ce qui concerne l'usage de sirops contre la toux, consultez la rubrique « Toux », page 148.
Un antibiotique pourra être prescrit en cas de surinfection mais il n'est pas indiqué en traitement d'attaque.

Après plusieurs bronchites au cours d'un même hiver, on parle de bronchite chronique dont il faut alors chercher la cause.

Votre médecin prescrira éventuellement des séances de kinésithérapie pour soulager l'encombrement des bronches.
Consultez les recommandations concernant la toux (voir page 148).
Faites en sorte que votre enfant se mouche ou effectuez des nettoyages de nez au sérum physiologique.
Faites-le boire plus que d'habitude.

Ne fumez pas en présence de votre enfant et plus généralement dans le lieu d'habitation. Le tabagisme passif favorise les bronchites.

BRÛLURE

C'est l'un des accidents domestiques les plus fréquents dont les conséquences peuvent être dramatiques. L'important est d'évaluer la gravité de la brûlure pour agir vite et bien.

La brûlure au premier degré est superficielle, elle touche seulement l'épiderme. La peau est rouge et douloureuse.
La brûlure au deuxième degré touche superficiellement ou profondément l'épiderme et le derme. Des cloques d'eau apparaissent sur les zones touchées. L'enfant souffre.
La brûlure au troisième degré détruit l'épiderme et le derme. La zone touchée va devenir blanche, marron ou noire. La peau est insensible et cartonnée.

Passez la zone brûlée sous l'eau froide (10 à 15 °C) – mais pas glacée – du robinet pendant une dizaine de minutes. N'appliquez surtout pas de glace.
Si les habits collent à la peau, n'essayez surtout pas de les retirer.

Contactez le Samu (15 ou 112) pour des brûlures au second ou au troisième degré ou si la zone brûlée présente des cloques sur une surface supérieure à une demi-paume de l'enfant. Suivant les indications, rendez-vous aux urgences ou attendez l'arrivée des secours.
Si la brûlure concerne le visage, se trouve près des orifices ou concerne un nourrisson, rendez-vous vite aux urgences.
NB : Nous ne parlons maintenant que des brûlures au premier degré ou au second degré très peu étendues.

Une brûlure au premier degré guérit en 1 semaine maximum.

Appliquez une crème type *Biafine* en couche épaisse 3 à 4 fois par jour et laissez pénétrer.
Administrez du paracétamol (*Doliprane*, *Dafalgan*, *Efferalgan*...) à l'enfant si la brûlure le fait souffrir.

Le gel d'aloe vera est un très bon désinfectant, cicatrisant et surtout, apaisant.

En revanche, l'application de pomme de terre ou de beurre, autrefois préconisée, risque d'aggraver la brûlure. On oublie ces remèdes dépassés et dangereux.

Soyez d'une extrême prudence avec les liquides chauds.
Apprenez à votre enfant ce qu'est le chaud et définissez les endroits et objets interdits dans la maison comme la porte du four, les radiateurs, le fer à repasser...
La cuisine est l'endroit propice aux brûlures : tournez les manches des casseroles vers l'intérieur de la cuisinière.
Vérifiez avec attention les plats et boissons servis surtout ceux réchauffés au four à micro-ondes et mélangez-les avant de les servir.
Installez un robinet qui fixe une température maximum dans la baignoire.
L'été, soyez extrêmement vigilant avec les barbecues et interdisez les pétards et autres feux d'artifices du 14 juillet.

Le risque d'une brûlure est la surinfection. Il faut donc protéger la plaie si votre enfant la tripote. Si la brûlure gonfle et continue à faire mal après 24 heures, il faut suspecter l'infection et se rendre chez le médecin.

Légendes des pictos

- Description du bobo ou de la maladie
- Guérison
- À faire tout de suite/d'urgence
- Remèdes pharmaceutiques/médicaux
- Consulter un médecin
- Remèdes complémentaires alternatifs
- Contagion
- Prévention
- Garder à la maison ?
- Attention !

C

CARIE

Aïe, en voilà une que l'on aimerait ne jamais connaître : la carie. Soyez très attentifs à l'hygiène buccale de votre enfant, quel que soit son âge.

La carie est une maladie d'origine bactérienne qui entraîne la déminéralisation de la dent.
Elle forme un point noir plus ou moins grand sur l'émail blanc de la dent.
Elle touche aussi bien les dents de lait que les dents définitives.
Les dents de lait cariées peuvent infecter les dents définitives qui poussent en dessous.

Il faut se rendre chez le dentiste dès qu'une dent est douloureuse, sensible au chaud ou au froid ou qu'il y a une suspicion de carie en raison d'un point noir sur la dent.

Aussi surprenant que cela puisse paraître, la carie est contagieuse ! Il ne faut donc pas tester la température des aliments avec la même cuillère que votre enfant au risque de lui transmettre les bactéries* responsables de la carie si vous en avez. De même, on ne lèche pas la tétine de son bébé pour la « nettoyer ».

Une carie ne guérit pas. On peut la soigner et stopper sa progression en se rendant chez le dentiste, mais les lésions sont irréversibles.

Seul un dentiste est en mesure de soigner une dent cariée.
Le dentiste va éliminer les parties cariées et combler les trous avec un amalgame ou un ciment composite.
Si votre enfant souffre, vous pouvez lui administrer du paracétamol.

Appliquez un clou de girofle sur la dent pour calmer la douleur si votre enfant est en âge de ne pas l'avaler et s'il n'a pas de plaie dans la bouche. Le clou de girofle a en effet des propriétés anti-inflammatoires et antalgiques.

La meilleure prévention est le brossage systématique des dents après les repas dès le plus jeune âge avec un dentifrice fluoré qui prévient la déminéralisation.

Brossez les dents de votre enfant avec un dentifrice adapté dès l'apparition des premières dents de lait. Apprenez-lui à se brosser les dents tout seul, il devrait y parvenir vers 18-24 mois ou un peu plus tard. Aidez-le les premiers temps, sinon le brossage risque d'être bref et partiel.

Prendre un biberon juste avant de dormir favorise l'apparition des caries chez le tout-petit. Ne laissez pas votre enfant prendre de mauvaises habitudes.

Ne trempez jamais la tétine de votre enfant dans du sirop ou du miel.

Limitez le sucre et les sodas qui fragilisent les dents, surtout avant le coucher.

Ne cédez pas aux demandes de grignotage.

N'oubliez pas la visite annuelle chez le dentiste même si votre enfant n'a pas de carie et ce, dès l'âge de 2 ans. En effet, s'il n'y a pas de caries, l'enfant aura seulement à ouvrir la bouche, et il se familiarisera avec le dentiste. En cas de carie, cette visite permettra d'agir au plus vite.

La bouche est une porte d'entrée privilégiée pour les bactéries et autres microbes qui peuvent avoir des répercussions sur le reste du corps. Une carie peut entraîner d'autres problèmes de santé, notamment des tendinites au niveau du genou ou une infection au niveau du cœur.

Il existe un acte de prévention très simple et efficace : le scellement de sillon. Il s'agit d'appliquer une résine qui agit comme une couche de vernis et empêche le développement des bactéries dans les cavités des molaires. Parlez-en à votre dentiste.

CAUCHEMAR

La nuit, les monstres sont de sortie et les cauchemars aussi, surtout après minuit.

Votre enfant se réveille en pleine nuit en hurlant ou en pleurant.
Il est effrayé et a du mal à se rendormir.
Les cauchemars sont tout à fait normaux et sains. Ils sont très fréquents chez les enfants de 2 à 6 ans. Pas d'inquiétude, c'est l'inconscient qui turbine et qui classe les informations engrangées dans son petit cerveau.

Allumez une lumière douce ou une veilleuse.
Prenez votre enfant dans vos bras, parlez-lui doucement pour le rassurer.
S'il est en âge, laissez-le raconter son cauchemar.
Proposez-lui un peu d'eau.
Recouchez-le tranquillement.

Si votre enfant fait un cauchemar récurrent et d'une intensité difficile à vivre, consultez un médecin.

Il ne faut pas confondre les cauchemars et les terreurs nocturnes qui sont plus spectaculaires. Lors des terreurs nocturnes, l'enfant se trouve en sommeil profond et n'est pas réveillé. Il est dans un état de somnambulisme et même s'il se lève et a les yeux ouverts, il dort ! Il faut alors prendre garde à ne pas le réveiller : parlez-lui très doucement et touchez-le progressivement pour le rallonger. Le lendemain, l'enfant n'aura aucun souvenir de ce qu'il s'est passé.

Le lendemain matin, débriefez les événements et laissez votre enfant vous faire part de son ressenti.
Prenez ce qu'il vous dit au sérieux et ne vous moquez pas de ses peurs.

Respectez les besoins en sommeil de votre enfant. Moins un enfant dort, plus son sommeil est agité.
Veillez à ce que les programmes que regarde votre enfant soient adaptés à son âge et limitez le temps passé devant la télévision. Ne le laissez pas regarder le journal télévisé ou tout autre programme qui risquerait de l'impressionner.
Faites de même en ce qui concerne les jeux vidéo.
Et, dans tous les cas, avant trois ans, pas d'écran.

Chez le bébé, les poussées dentaires, les otites ou encore bien d'autres petits maux peuvent provoquer des réveils qui font penser à des cauchemars. Si votre enfant ne se calme pas, donnez-lui une dose de paracétamol.
Chez le petit enfant, l'acquisition de la marche ou d'autres progrès récents peuvent engendrer des cauchemars. Il grandit et prend son indépendance ; cela peut créer quelques angoisses.

CHENILLE (PIQÛRE DE)

Qu'il est doux de se reposer sous les arbres au printemps. Doux oui, sauf quand les chenilles processionnaires du pin s'en mêlent !

Après une journée à jouer en plein air, votre enfant se retrouve avec une éruption rouge douloureuse et qui le démange extrêmement.
Ce sont les poils de la chenille processionnaire qui sont en cause, car ils sont très urticants. Ils se détachent facilement de la chenille et peuvent provoquer une irritation de contact ou encore une conjonctivite ou occasionner une gêne respiratoire qui peut aller jusqu'à la crise d'asthme.

Retirez les poils en contact avec la peau s'il en reste en utilisant du scotch, comme pour une épilation.
Rincez immédiatement les yeux à l'eau, s'ils ont été touchés.
En cas de contact avec la bouche, rincez à l'eau tiède avec un linge humide.
Faites prendre une douche à l'eau savonneuse en rinçant abondamment. Lavez soigneusement la peau et les cheveux.

Si les symptômes s'accompagnent de vertiges, de vomissements ou de malaises, rendez-vous aux urgences.
En cas de réaction allergique massive avec gonflement ou de gêne respiratoire intense, partez aux urgences.
Si les yeux sont touchés, voyez un ophtalmologue dans la journée.

Les traces d'urticaire disparaissent en quelques jours.

En cas de démangeaisons intenses, vous pouvez administrer un antihistaminique (Polaramine).
Si les boutons suintent, désinfectez-les avec un antiseptique doux.

Lavez le linge porté par votre enfant en machine à la température la plus élevée possible.

Si vous savez qu'un arbre est infesté par les chenilles processionnaires, ne laissez pas votre enfant jouer à proximité.
Si un arbre de votre jardin est touché par les chenilles, appelez un professionnel pour vous en débarrasser, ne tentez rien seul, vous risquez de disséminer les poils de ces petites bestioles.

CHIEN

Voir « Morsure de chien », page 39.

COLIQUE DU NOURRISSON

Elles sont difficiles à supporter pour le bébé et pour son entourage car elles entraînent pleurs et fatigue, mais rassurez-vous : il ne s'agit pas d'une pathologie inquiétante.

Votre bébé se tortille après les repas, surtout le soir, il a des gaz et pleure beaucoup sans que vous ne réussissiez à le calmer.
Son ventre est ballonné, ses selles peuvent être très liquides, voire explosives mais ce n'est pas systématique.
On ne sait pas exactement à quoi sont dues les coliques mais il semble qu'il s'agit d'un problème de maturation du système digestif.
Les coliques apparaissent vers l'âge de 2-3 semaines.

Il est recommandé de consulter le médecin afin qu'il confirme ce diagnostic et vérifie qu'il ne s'agit pas d'une autre pathologie.

Les coliques repartiront comme elles sont venues quand votre bébé aura 3 ou 4 mois, patience !

Les médicaments n'ont pas fait leur preuve en ce qui concerne les coliques et il est difficile de les soulager ainsi.
La prescription d'un lait contenant moins de lactose peut améliorer les symptômes, cependant les changements répétitifs de lait doivent être évités.

Prenez votre bébé dans les bras, rassurez-le et parlez-lui afin de l'apaiser.
Maintenez votre main sur lui pour lui réchauffer le ventre. Vous pouvez appliquer une petite bouillotte avec de l'eau tiède par-dessus son pyjama (vérifiez directement sur la peau de votre propre ventre qu'elle ne soit pas trop chaude).
Pour faciliter l'expulsion des gaz et garder son ventre au chaud, vous pouvez :
– utiliser votre écharpe de portage, votre enfant se sentira par ailleurs en sécurité ;
– masser son ventre en rond autour du nombril afin de le soulager ;
– l'allonger sur votre avant-bras.

Si vous allaitez, mangez du fenouil (certes, il faut aimer) ou buvez des tisanes à base de fenouil qui est réputé pour faciliter la digestion.
Prenez rendez-vous chez un ostéopathe spécialisé dans la manipulation des bébés. Parfois, l'accouchement déplace des petits os et cela se répercute sur le transit ou la manière de téter de votre bébé. La différence peut se faire sentir seulement quelques jours après la manipulation.

Si votre bébé prend le biberon, essayez différentes marques de tétines avec valves anti-coliques.
Donnez le biberon ou le sein en maintenant votre bébé le plus à la verticale possible.

Les coliques du nourrisson n'empêchent pas la bonne prise du poids et le bon développement de votre enfant.

Les pleurs du bébé peuvent être très difficiles à supporter pour une jeune maman. La période post-accouchement est un moment où l'on est très fragile. Si vous sentez que vous craquez et que vous ne supportez plus les pleurs de votre enfant, laissez-le en sécurité dans son lit et fermez la porte. Calmez-vous dans une autre pièce. Si vous ne parvenez pas à vous calmer, n'hésitez pas à appeler à l'aide. Vous pouvez appeler l'association « ALLÔ PARENTS BÉBÉS » au numéro vert : 0.800.00.3.4.5.6 du lundi au vendredi de 10 h à 15 h et de 17 h à 21 h.

CONJONCTIVITE

Les yeux des enfants et particulièrement ceux des bébés sont fragiles. Les conjonctivites sont donc fréquentes et doivent être bien prises en charge.

Il existe différentes sortes de conjonctivite qui se traduisent par différents symptômes : l'œil (ou les deux yeux) de votre enfant est rouge, il larmoie, il est collé le matin au réveil, il produit une substance jaunâtre, votre enfant a la sensation d'avoir quelque chose qui le gêne dans l'œil, ça le pique ou ça le gratte.
La conjonctivite peut avoir une origine virale, microbienne, traumatique (après un choc), allergique...
Il s'agit d'une inflammation de la conjonctive qui est la muqueuse qui recouvre le blanc de l'œil et l'intérieur des paupières.

Si l'enfant porte des lentilles, il est impératif qu'il les enlève.
Après avoir soigneusement lavé vos mains, nettoyez abondamment les deux yeux de votre enfant avec un antiseptique oculaire (*Dacryoserum*, par exemple), ou à défaut avec du sérum physiologique. Si un seul œil est touché, commencez par nettoyer l'œil sain.
Enlevez les sécrétions purulentes avec une compresse stérile différente pour chaque œil en partant du coin intérieur de l'œil vers la tempe.
Lavez-vous les mains à nouveau.

Consultez le plus vite possible si vous suspectez une conjonctivite.

Suivant son origine, la conjonctivite peut être contagieuse, il est donc important de veiller à la bonne hygiène des mains du malade et de la vôtre.

Il n'est pas nécessaire de garder l'enfant à la maison mais les crèches et les écoles demandent parfois un certificat de non-contagiosité pour accepter l'enfant en cas de conjonctivite.

Le traitement sera adapté au type de conjonctivite : votre médecin prescrira un collyre antibiotique, un antiseptique, un antihistaminique, etc.

En cas de douleurs très intenses et de gêne face à la lumière, il faut penser à une inflammation de la cornée – la kératite – qui nécessite une prise en charge rapide.

Effectuez des lavements réguliers avec un antiseptique oculaire comme expliqué précédemment.
Si l'enfant porte des lentilles jetables, il est recommandé de les renouveler après une conjonctivite. S'il s'agit de lentilles annuelles, effectuer une désinfection avec un produit adapté.
Si la conjonctivite touche un bébé allaité, vous pouvez lui instiller quelques gouttes de lait maternel dans les yeux à chaque tétée afin d'accélérer la guérison car le lait maternel a des propriétés anti-infectieuses.

Si votre enfant porte des lentilles, il est impératif de surveiller leur bon entretien. Un réceptacle à lentilles à l'hygiène douteuse représente un bouillon de culture redoutable pour les yeux.
De même, votre enfant doit avoir une hygiène des mains irréprochable lorsqu'il manipule ses lentilles.

CONSTIPATION

La constipation infantile est très classique et le plus souvent bénigne.

On considère qu'un enfant est constipé s'il fait moins de 3 selles par semaine quand il a plus de 6 mois. Il faut cependant mettre ce chiffre en parallèle avec le rythme habituel.
Ses selles sont très grosses ou bien plus petites et dures.
Le passage des selles peut être douloureux.
Il a éventuellement des maux de ventre.

La constipation peut avoir plusieurs origines. Commencez par adapter le régime alimentaire de votre enfant (voir plus ci-après), une amélioration devrait intervenir rapidement. Sinon, consultez votre médecin.
Chez le bébé, si vous l'allaitez au sein, buvez plus d'eau. S'il prend le biberon, vérifiez que votre dilution de lait en poudre est correcte.

En urgence si la constipation s'accompagne de vomissements ou de maux de ventre intenses.
Rapidement si votre bébé n'a jamais de selles spontanées et que vous êtes systématiquement obligé de l'aider lors de la défécation.
Rapidement si son anus est rouge et gonflé, il peut s'agir d'une inflammation de la marge de l'anus.
Rapidement aussi si le passage des selles a entraîné un saignement avec une fissure de l'anus.

Un laxatif ou un émollient fécal peut être prescrit mais ne donnez pas de laxatif sans avis médical. Le meilleur traitement est donné par voie orale et non en suppositoire ou lavement.
Les pro-biotiques peuvent aider à rééquilibrer la flore intestinale si elle est en cause dans la constipation.
Si son anus est irrité, appliquez une crème destinée à soigner les fesses rouges (*Bepanthen Pommade*, *Cicalfate*...).

On conseillait avant de prendre la température rectale pour favoriser la venue des selles. C'est tout à fait inutile. Il est dangereux d'introduire un objet ou un doigt dans l'anus pour stimuler la descente des selles.
Chez l'enfant qui est en train d'acquérir la propreté, la constipation peut signaler un refus. L'enfant tient alors un moyen pour faire pression sur ses parents. Demandez conseil à votre médecin ou au personnel de la crèche si votre enfant est en collectivité.

Le stress ou les changements en général peuvent provoquer une constipation. Parlez-en avec votre enfant.

Augmentez la quantité d'eau bue et introduisez une eau riche en magnésium comme l'eau d'*Hépar* (deux verres par jour au maximum). Chez le bébé, mettez la moitié d'eau d'Hépar avec une autre eau minérale dans un biberon par jour.
Favorisez les aliments à base de fibres (pâtes et pains complets, céréales…), les légumes crus ou cuits. Limitez les féculents.
Un jus d'orange ou de pomme tout juste sorti du réfrigérateur peut avoir un effet laxatif au réveil.
Le pruneau aiderait à remettre en route le transit.

Ne le pressez pas lorsqu'il est aux toilettes. Laissez-lui le temps de faire à son rythme.
Des toilettes sales, froides, où il n'y a pas de papier peuvent provoquer la constipation. Renseignez-vous sur l'état des toilettes de la collectivité que fréquente votre enfant.
Instaurez un rituel et proposez à votre enfant d'aller sur les toilettes après chaque repas en lui laissant le temps.
Disposez un petit tabouret sous ses pieds s'il ne touche pas par terre lorsqu'il est aux toilettes.

Le bébé allaité peut parfois n'avoir qu'une selle par semaine ou même moins. S'il grossit, mange et dort bien et si ses selles ne sont pas dures, cela n'a rien d'inquiétant.

CONVULSIONS FÉBRILES

Très impressionnantes pour l'entourage, les convulsions fébriles du petit enfant touchent 2 à 5 % des enfants de moins de 5 ans.

Votre enfant a de la fièvre (plus de 39 °C) au cours d'une maladie infectieuse.
Il pâlit soudainement, ses yeux se révulsent et son corps se raidit puis il est secoué de violents spasmes pendant quelques secondes ou quelques minutes. Il perd connaissance.
Une fois la crise passée, il se remet bien mais reste fatigué quelques heures.

Contactez le Samu (15 ou 112).
Pendant la crise, restez calme afin d'agir au mieux.
Allongez l'enfant sur le côté pour qu'il n'avale pas de travers, mais ne mettez pas votre doigt dans sa bouche, vous risquez de vous faire mordre. Protégez-le pour qu'il ne se blesse pas.
Découvrez-le pour qu'il se rafraîchisse et ouvrez la fenêtre.

Votre enfant doit voir un médecin immédiatement après la crise. Il s'agit de vérifier qu'il n'y a pas de problème neurologique ou de méningite.
Les convulsions sans fièvre ou avec une fièvre modérée doivent vous amener à consulter d'urgence.

Donnez du paracétamol pour lutter contre la fièvre, mais la crise ne doit pas vous amener à surdoser le médicament.

Un enfant qui a convulsé risque de convulser à nouveau en cas de forte fièvre. Prenez les mesures afin de faire baisser la fièvre dès que vous constatez que votre enfant est fébrile (voir « Fièvre », page 63).

Il existe des traitements anticonvulsivants pour les enfants qui souffrent de crises fréquentes.

Vous avez sûrement été très impressionné par cette crise. Il ne faut cependant pas surprotéger votre enfant. Ces crises sont certes spectaculaires mais le plus souvent bénignes.
Il ne faut pas confondre les convulsions fébriles avec l'épilepsie. La fièvre permet d'identifier les convulsions fébriles lors des premières crises.

COQUELUCHE

On l'appelle ainsi car la toux des malades ressemble au chant du coq (avec un peu d'imagination !).

Tout commence par un rhume.
Le principal symptôme de la coqueluche est une toux sèche par quintes très gênante et très fatigante qui dure plusieurs semaines. Au lieu de s'améliorer, la toux empire, surtout le soir et la nuit. Les quintes réveillent l'enfant et peuvent aller jusqu'à le faire vomir. Entre les quintes, l'enfant se remet bien.
La gorge et la trachée sont douloureuses.

Cette maladie bactérienne qui touche surtout les voies respiratoires est accompagnée parfois de fièvre modérée.
Chez le nourrisson, elle peut être dramatique et entraîner des difficultés respiratoires et des complications neurologiques et pulmonaires pouvant nécessiter une hospitalisation.

Il est nécessaire de voir le médecin rapidement pour commencer un traitement antibiotique si vous suspectez une coqueluche.
Si vous avez un bébé de moins de 6 mois et qu'une coqueluche a été diagnostiquée dans votre entourage, consultez pour cet enfant.
Si votre enfant semble en détresse respiratoire ou qu'il prend une teinte bleue lors des quintes, allez aux urgences.
Si votre enfant a la coqueluche et que la fièvre augmente, cela indique une surinfection, consultez en urgence.

La coqueluche est extrêmement contagieuse. La transmission de la maladie se fait par simple contact en toussant ou en éternuant.

Une éviction des collectivités est nécessaire. Le retour peut se faire 5 jours après le début du traitement antibiotique. De plus, la coqueluche entraîne une grande fatigue, votre enfant a besoin de dormir beaucoup.

La toux peut durer très longtemps. Patience, la convalescence peut prendre plusieurs mois. Ce n'est pas pour rien qu'on l'appelle la maladie aux 100 jours...

Le médecin prescrira des antibiotiques (*Josacine*).
Un sirop antitussif peut être prescrit, sauf chez l'enfant de moins de 2 ans.

Fractionnez les repas en période de quintes pour limiter les vomissements.
Mettez un oreiller sous le thorax de votre enfant ou couchez-le un peu redressé, il toussera moins.
En cas de rhume, maintenez une bonne hygiène du nez de votre enfant en le mouchant ou en effectuant des lavages de nez au sérum physiologique.
La prise de miel dans une boisson chaude ou seul peut aider à soulager la gorge (attention, le miel est interdit chez l'enfant de moins de 1 an en raison d'un risque de botulisme*).

Le vaccin contre la coqueluche n'est pas obligatoire. Il est cependant fortement recommandé dès l'âge de 2 mois ; il est combiné avec d'autres vaccins.
Le meilleur moyen de protéger les nouveau-nés qui ne sont pas encore immunisés et pour qui la coqueluche peut être dramatique

est de faire vacciner leur entourage direct. Les vaccins effectués pendant l'enfance ne protègent pas à vie et les parents sont les premiers vecteurs de la coqueluche.

La coqueluche laisse des traces. Les enfants touchés restent fragiles des bronches jusqu'à 3 ans après la maladie... L'enfant peut faire d'autres coqueluches, car la maladie n'immunise pas.

C'est une chose rare mais il est possible d'avoir une coqueluche malgré la vaccination.

COUP DE SOLEIL

Le soleil est l'ennemi des petites peaux toutes fraîches (et des moins fraîches aussi d'ailleurs). Attention, un coup de soleil est vite arrivé...

La peau est rouge et si l'on enfonce un doigt dedans, elle devient blanche.
La peau est douloureuse et chauffe.
Il s'agit d'une brûlure. Il faut évaluer si c'est une brûlure au premier degré (peau rouge) ou au second degré (peau rouge avec bulles ou cloques).

Faites boire beaucoup d'eau.
Refroidissez la peau en donnant une douche fraîche.

Si votre enfant a une brûlure au second degré, de la fièvre, des nausées, vomit, a des cloques remplies d'eau, est touché sur une grande partie du corps ou semble déshydraté (soif intense), conduisez-le chez le médecin, une prise en charge médicale peut être nécessaire.
De même, si les coups de soleil touchent une zone à risques comme le visage, les yeux, les organes génitaux, les plis de flexion, les mains ou les pieds, il est recommandé de consulter un médecin.

La guérison intervient une fois que la peau n'est plus du tout rouge et que la douleur a disparu ; elle dépend de la gravité de la brûlure. Pour un petit coup de soleil, comptez 24 heures.

Le pharmacien vous donnera une crème apaisante à appliquer comme la *Biafine* (à ne pas utiliser en cas de brûlure profonde ou de cloque).
Massez et laissez la crème pénétrer puis appliquez à nouveau.
En cas de douleur, vous pouvez administrer du paracétamol (*Doliprane*, *Efferalgan*...).

Faites porter à votre enfant des vêtements en coton pour que la sensation sur sa peau soit la moins agressive possible.
Le gel d'aloès soulage bien le « feu » de la brûlure. Il est disponible en tube, le mieux étant d'avoir une plante à disposition et d'extraire directement le gel de la feuille.

Faites en sorte que votre enfant joue au maximum à l'ombre.
Évitez les heures où le soleil est le plus agressif lors de vos journées à la plage (entre 11 h 00 et 16 h 00).
Couvrez votre enfant lorsqu'il est au soleil. Un tee-shirt à manches longues et un bermuda sont recommandés sur la plage. Il existe d'ailleurs des combinaisons de bain anti-UV. Un chapeau est obligatoire ainsi que des lunettes de soleil.
Tartinez-le de crème solaire, de préférence de l'écran total indice 50 spécialement formulé pour la peau des bébés ou des enfants. Appliquez toutes les 1 h 30 et après chaque baignade. Insistez sur les zones fragiles comme la nuque, le coup de pied et les oreilles.
Proposez-lui régulièrement à boire.
Méfiez-vous du vent qui a tendance à refroidir la peau mais n'empêche pas les coups de soleil (en bateau, notamment).

Il est parfois difficile de se rendre compte de la gravité d'un coup de soleil. N'hésitez pas à demander conseil à votre pharmacien ou à votre médecin.
N'exposez pas une peau brûlée au soleil avant qu'elle ne soit complètement guérie.

Les bébés de moins de 1 an n'ont rien à faire au soleil. Ils doivent rester habillés et à l'ombre. Évitez les sorties en été entre 11 h 00 et 16 h 00.

COUPURE

Nous parlerons ci-dessous des petites coupures de la vie courante.
Dans le cas d'une coupure gravissime avec section d'un doigt, d'une oreille ou d'un membre, appelez le Samu (15 ou 112), écoutez les consignes et conservez la partie du corps dans un linge propre. Entourez-le d'un sac plastique et déposez-le dans un récipient contenant de la glace.

Votre enfant s'est coupé avec un objet tranchant, la plaie saigne.

Si la coupure saigne beaucoup, comprimez-la avec une compresse stérile durant 5 à 8 minutes.

Nettoyez la plaie à l'eau et au savon en vérifiant qu'il n'y a rien dedans (terre, saleté, écharde...).

Appliquez un antiseptique (*Bétadine*, *Dakin*...).

Une fois la peau sèche, protégez avec un pansement ou un bandage adapté à la taille de la coupure.

Changez le pansement tous les jours jusqu'à cicatrisation.

Si la coupure ne s'arrête pas de saigner ou si elle est étendue, consultez le médecin. Des points de sutures peuvent être nécessaires.

Si la plaie cicatrise mal, qu'elle est rouge ou gonflée ou que du pus s'écoule, prenez un avis médical.

Vérifiez la vaccination antitétanique si la coupure s'est faite en extérieur ou avec des vieux outils.

Il existe des crèmes qui facilitent une bonne cicatrisation (*Cicatryl*, par exemple).

Le gel d'aloès stimulerait la cicatrisation tout comme le chou cru appliqué en compresses.

Ne laissez traîner aucun objet coupant. Ayez une place sécurisée pour chacun. Les tiroirs dans lesquels vous rangez les couverts ne doivent pas être accessibles aux petits de moins de 3 ans, s'ils le sont, installez un système de sécurité. Les boîtes à outils doivent être rangées en hauteur.

Apprenez à votre enfant à reconnaître les objets qui coupent le plus tôt possible.

CRAMPE

Assez impressionnante tant par la douleur provoquée que par sa soudaineté, la crampe ne dure jamais bien longtemps.

Tout à coup, votre enfant se plaint d'une douleur intense dans un muscle.

La crampe est une contracture involontaire du muscle.

Elle peut survenir à l'effort ou au repos, notamment durant la nuit. Un manque de magnésium ou de potassium est souvent mis en cause.

Massez la zone douloureuse en profondeur pour la réchauffer et étirer bien le muscle.

Si votre enfant a souvent des crampes, il est important de le signaler à votre médecin afin de trouver leur origine.

La douleur et la contraction disparaissent en quelques minutes.

Si votre médecin le pense nécessaire, il peut prescrire un complément de magnésium type *MagnéB6*.

Si la crampe est due à un manque de magnésium, faites manger à votre enfant des bananes et du chocolat noir qui en contiennent. Sympathique comme traitement !
Un remède de grand-mère propose de placer un pain de savon de Marseille au bout du lit. Il canaliserait l'électricité statique qui favorise les crampes la nuit… Pourquoi pas ! N'essayez que si votre enfant est en âge de comprendre qu'il ne faut pas le manger !

Une alimentation équilibrée et variée permet d'éviter les carences qui peuvent être responsables des crampes.

La fatigue, le froid et la déshydratation favorisent les crampes.

CROÛTES DE LAIT

Elles ne sont pas jolies mais elles ne sont pas méchantes et surtout, elles s'en iront toutes seules avec un peu de patience…

Le crâne de votre bébé présente des petites croûtes jaunâtres grasses qui se détachent facilement.
On peut également les retrouver parfois au niveau des sourcils.
Ces croûtes peuvent être inconfortables pour votre enfant et le gratter.
Les croûtes de lait sont dues à un excès de sébum* des glandes sébacées*.
Elles peuvent apparaître et disparaître sans prévenir.

Les croûtes de lait ne sont pas dangereuses. Cependant, si le crâne devient rouge ou suinte, prenez conseil auprès de votre médecin afin d'éviter une irritation trop importante ou une infection.
Les croûtes de lait touchent exceptionnellement tout le corps, dans ce cas, consultez.

Les croûtes de lait ne sont pas contagieuses.

Les enfants peuvent présenter des croûtes de lait jusqu'à l'âge de 2 ans environ. La patience est le meilleur remède car elles disparaissent toutes seules.

Il existe des lotions disponibles en pharmacie à appliquer durant la nuit et à rincer le matin comme *Stelaker* chez *Mustela*. Elles ramollissent les croûtes et assainissent le cuir chevelu.

Il ne faut pas arracher ou gratter les croûtes au risque d'entraîner une irritation ou une infection.

Enduisez les zones touchées avec de l'huile d'olive (pas de risque d'allergie contrairement à l'huile d'amande douce) ou de la vaseline pharmaceutique 2 heures avant le bain puis lavez consciencieusement le crâne. Attention malgré le lavage, les cheveux de votre enfant vont rester gras et vous allez devoir les laver à nouveau très vite.
Les shampoings au lait d'avoine ont un effet apaisant sur les cuirs chevelus irrités, pensez-y.
Brossez régulièrement les cheveux de votre enfant avec une brosse douce pour enlever les croûtes tombées.

Lavez quotidiennement les cheveux de votre enfant pour éviter l'excès de sébum sans trop frotter pour ne pas stimuler les glandes sébacées.
Rincez très soigneusement le crâne de votre enfant lors des shampoings.

Elles doivent leur nom à leur ressemblance avec des tâches de lait cuit...

CYSTITE

Voir « Infection urinaire », page 85.

D

DENT CASSÉE

Face à une dent cassée, qu'il s'agisse d'une dent de lait ou d'une dent définitive, il faut agir vite et avec sang-froid pour limiter les dégâts.

Votre enfant a reçu un choc sur la mâchoire.
Il a perdu une dent ou un morceau de dent s'est cassé.
Le choc a déchaussé une dent.
La violence du choc vous fait craindre un traumatisme.

L'enfant doit garder la dent ou le morceau de dent dans sa bouche (en faisant attention de ne pas l'avaler) en attendant d'aller chez le dentiste afin de la maintenir en vie. Vous pouvez mettre la dent dans une compresse avant de la glisser dans la bouche pour éviter qu'elle soit avalée. La salive est en effet le milieu le plus adapté pour une dent, mais si l'enfant est trop petit, vous pouvez la conserver dans du sérum physiologique ou du lait.
Ne passez pas la dent sous le robinet d'eau.
Si la gencive saigne, tamponnez avec une compresse mais pas de coton.

On file tout de suite chez le dentiste, il s'agit d'une urgence qui ne permet aucune attente.

Si la dent doit mourir, elle le fera dans les 6 mois qui suivent d'où la nécessité d'un suivi régulier après un choc.

Dans la mesure du possible, le dentiste va tout faire pour recoller la dent et éventuellement boucher le trou s'il manque un morceau de dent.
Si la dent a été expulsée complètement, le dentiste va faire en sorte de la remettre en place en la maintenant avec un petit fil. Si la dent expulsée est remise à sa place dans les deux heures qui suivent l'accident, elle a 90 % de chance de ne pas mourir.
S'il y a une fracture complète de la racine et de la couronne, il faudra alors remplacer la dent par une prothèse.

Si votre enfant pratique un sport à risques (sport de ballon, arts martiaux...), le dentiste peut lui fabriquer un protège-dents sur mesure.

Cependant, il y a peu de chance pour que votre enfant accepte de le porter si ses camarades n'en ont pas !
Le meilleur moyen de préserver les dents de votre enfant est de lui apprendre à en prendre soin dès son plus jeune âge.
Prenez rendez-vous une fois par an chez le dentiste pour faire vérifier la bouche de votre enfant même s'il n'a pas de carie.

Observez bien l'évolution de la dentition de votre enfant après cet épisode. Une dent qui change de couleur doit vous inciter à consulter le plus rapidement possible.

DÉSHYDRATATION

Il s'agit d'une urgence médicale à ne pas prendre à la légère, surtout chez les nourrissons.

Votre enfant a des diarrhées et/ou des vomissements.
Il mange peu et boit peu, voire pas du tout.
Votre nourrisson a les yeux très cernés, la fontanelle très creusée, sa respiration est très rapide, il devient somnolent, ne s'intéresse plus à vous et geint.
Votre enfant a perdu 10 % ou plus de son poids.
Sa peau a perdu sa souplesse et reste figée quand vous la pincez.
La déshydratation est un manque d'eau dans le corps.

Il faut réhydrater votre enfant en lui faisant boire un soluté de réhydratation orale, ou SRO*, (*Adiaril*, *GES 45*...) par petites quantités fréquentes et successives.

Rendez-vous tout de suite aux urgences si vous suspectez une déshydratation.
Si votre enfant a perdu entre 5 et 10 % de son poids (sur la même balance), il faut aller voir le médecin.

Si votre enfant est déshydraté, il pourra être mis sous perfusion afin de lui administrer au plus vite l'eau et les sels minéraux qui lui font défaut.
Une hospitalisation peut être envisagée.

L'état de santé d'un jeune enfant peut s'aggraver très rapidement. Surveillez tout changement d'attitude et n'hésitez pas à appeler votre médecin pour prendre conseil.

Si l'enfant est déshydraté, qu'il prend le SRO mais qu'il le vomit, une consultation médicale est nécessaire.

Si votre enfant refuse de boire la solution de réhydratation, ajoutez éventuellement du sirop (grenadine, menthe...) dans la solution.
Le SRO peut être mis au réfrigérateur ce qui permettra de masquer un peu le goût et n'augmentera pas plus le transit.
Toujours garder à l'esprit qu'un enfant très déshydraté boira tout ce qu'on lui propose.
Vous pouvez lui faire téter un gant de toilette humidifié à l'eau minérale si rien ne passe.

Surveillez bien l'évolution de votre enfant.
Ayez toujours chez vous des sachets de solutions de réhydratation orale (SRO) à administrer en cas de vomissements ou de diarrhées. Pensez à les emporter en voyage, ils sont précieux.

DIARRHÉE

La diarrhée n'est pas une maladie en elle-même, mais un symptôme.

Votre enfant a des selles très liquides et plus fréquentes qu'à l'accoutumée.
Les selles sont éventuellement de couleur verdâtre.
Il peut avoir mal au ventre.
Il peut s'agir d'une gastro-entérite même si votre enfant ne vomit pas (voir page 71), d'une intoxication alimentaire (voir page 89) ou encore d'un traitement antibiotique qui perturbe la flore intestinale.

Une visite sera nécessaire si :
– le malade est un bébé de moins de 3 mois ;
– votre bébé de moins de 2 ans présente un de ces symptômes : il a les yeux très cernés, la fontanelle creusée, si son attitude change et qu'il devient somnolent, s'il refuse de boire alors que la diarrhée continue, s'il a perdu du poids, s'il a de la température supérieure à 38,5 °C, s'il a du sang dans les selles (consultez un médecin en urgence) ;
– si la diarrhée dure plus de 3 jours.

Une diarrhée provient en général d'un virus*, s'il s'agit d'une gastro-entérite plusieurs membres de la famille risquent d'être touchés.

La diarrhée est très pénible, mieux vaut garder l'enfant au chaud dans un environnement calme où il peut avoir accès aux toilettes facilement.

Chez l'enfant de moins de 2 ans, donnez systématiquement un soluté de réhydratation orale aussi appelée SRO* (*Adiaril*, *Picolite*...). Un sachet à mélanger dans 200 ml d'eau minérale. Faites boire des petites quantités régulièrement. Il faut conserver cette solution au réfrigérateur et la renouveler au bout de 24 heures.
Vous pouvez lui administrer un antidiarrhéique (*Tiorfan*).
Un antispasmodique (*Spasfon*) peut soulager les douleurs abdominales.
Des pro-biotiques (*Ultra-levure*, *Lacteol*...) peuvent parfois aider à rééquilibrer la flore intestinale.

Une diarrhée peut entraîner une déshydratation. Surveillez votre enfant (voir « Déshydratation », page 52).

Proposez du riz, des bananes, du coing, des viandes et poissons maigres ou tout autre aliment qui constipe. Proposez des aliments qu'il mange avec facilité.
Faites boire l'eau de cuisson du riz tiède en petites gorgées, pas terrible au goût mais efficace.
Chez le bébé, continuez l'allaitement au sein.
Si votre médecin vous le conseille (en général chez l'enfant de moins de 6 mois), remplacez le lait artificiel par du lait sans lactose (*Diargal*) disponible en pharmacie.
Lavez-vous les mains soigneusement avant et après vous être occupé de votre enfant.

Chez le bébé allaité au sein, les selles peuvent être très liquides ou vertes de manière habituelle sans que cela soit inquiétant.

DOIGT COINCÉ

Accident domestique très fréquent, il cause des douleurs intenses à nos chères têtes blondes.

Votre enfant s'est coincé le doigt dans une porte, un tiroir ou une fenêtre.
Le doigt est rouge, il gonfle.

S'il ne saigne pas, placez le doigt douloureux sous le robinet d'eau froide une dizaine de minutes.
Appliquez une pommade à l'arnica (Arnigel, Arnican, Arnica...), sauf en cas de plaie.
En cas de blessure ouverte, contentez-vous de désinfecter avec un antiseptique doux.
Si le doigt est sectionné, appelez immédiatement le SAMU (15 ou 112). Placez le bout de doigt dans un linge propore puis dans un sac congélation bien fermé et placez-le dans un seau avec de la glace. Comprimez fermement la plaie avec un linge propre.

S'il n'y a pas de plaie, demandez à votre enfant de mobiliser son doigt en lui faisant plier et tendre. Si la douleur l'empêche de bouger, il faut vous rendre chez le médecin et effectuer une radio afin de rechercher une fracture.
Si le doigt présente une plaie profonde, si l'ongle est décollé, si l'ongle devient bleu, consultez tout de suite un médecin.

Vous pouvez donner un peu de paracétamol si votre enfant se plaint de la douleur.

Il existe des cale-portes qui permettent de bloquer les portes et d'éviter les fermetures intempestives. Bien pratique quand on a un bébé à la maison.
Apprenez à votre enfant à ouvrir et à fermer les portes avec la poignée dès qu'il est en taille de l'atteindre. Expliquez-lui que claquer les portes n'est pas un jeu et que cela peut être dangereux.

Légendes des pictos

Description du bobo ou de la maladie

À faire tout de suite/ d'urgence

Consulter un médecin

Contagion

Garder à la maison ?

Guérison

Remèdes pharmaceutiques/ médicaux

Remèdes complémentaires alternatifs

Prévention

Attention !

E

ÉCHARDE

Qu'elle soit en bois, en verre, ou même en métal, l'écharde ou l'épine peut être très douloureuse et doit être retirée au plus vite.

Votre enfant s'est enfoncé dans la peau un corps étranger très fin. La zone autour est rouge et douloureuse.

Il est impératif de retirer l'écharde le plus rapidement possible en raison du risque d'infection.
Lavez la zone au savon et rincez à l'eau claire.
Désinfectez la zone où se trouve l'écharde avec un antiseptique doux.
Si l'écharde dépasse, enlevez-la avec une pince à épiler désinfectée en la tirant doucement mais fermement vers vous. Vérifiez qu'il ne reste pas de morceau sous la peau.
Désinfectez à nouveau avec une compresse et un antiseptique.
Si l'écharde est si enfoncée que vous n'arrivez pas à l'attraper, faites tremper la partie concernée dans de l'eau tiède additionnée d'alcool durant une dizaine de minutes puis tentez à nouveau de sortir l'écharde avec une pince à épiler.
Si vous ne parvenez pas à retirer l'écharde, direction la pharmacie ou le cabinet de votre médecin.

N'appuyez pas autour pour la faire sortir (comme pour faire sortir un point noir), vous risquez de l'enfoncez encore plus !

La douleur disparaît une fois l'écharde retirée.

Il existe des pinces à écharde vendues en pharmacie qui permettent une plus grande précision que la pince à épiler.

Si votre enfant vous aide à jardiner ou à ramasser du bois, le port de gants évite ce genre de désagréments.
Ne le laissez pas courir pieds nus dans le jardin ou sur une terrasse en bois.

Vérifiez que le vaccin antitétanique de votre enfant est bien à jour. Si le dernier rappel n'a pas été fait, rendez-vous rapidement chez le médecin pour effectuer un sérum antitétanique.

ECZÉMA

Dès son plus jeune âge, votre enfant peut être touché par l'eczéma.

La peau est rouge et épaissie ; elle présente des plaques. Il peut y avoir des petites cloques, la peau peut être suintante ou présenter des croûtes.
Ces plaques démangent beaucoup.
Elles peuvent se localiser partout sur le corps. En général, les bébés ont des plaques sur les joues et derrière les oreilles alors que les plus de 2 ans ont de l'eczéma aux pliures (coudes, genoux...).
Il existe un facteur génétique dans l'eczéma du nourrisson ou de l'enfant puisque 60 % des enfants touchés ont un parent qui a eu des signes d'atopie*. De même, un terrain allergique favorise l'eczéma.
Les causes de l'eczéma chez l'enfant restent très mystérieuses. On pense qu'il serait notamment favorisé par le mal-être et le stress.

L'eczéma doit être signalé lors de votre visite de routine chez le médecin. Il vous orientera si besoin vers un dermatologue ou un allergologue.

Il s'agit d'une maladie chronique qui va revenir par poussées. Cependant, on note une amélioration ou une disparition des symptômes après 10 ans.
Si vous constatez un signe d'infection, consultez en urgence.

Le médecin vous prescrira peut-être des corticoïdes locaux en cas de crise étendue.

Les enfants qui souffrent d'eczéma ont une peau sèche plus sensible aux allergènes et aux infections. Il est important de prendre soin d'elle par des soins spéciaux.

Empêchez votre enfant de se gratter car il risque de saigner et de créer des infections. Faites-lui porter des vêtements en coton et éviter les matières qui grattent comme la laine.
Évitez les bains chauds prolongés qui fragilisent la peau ; préférez les douches rapides.
Vous pouvez le baigner un jour sur deux en le lavant au gant le jour sans bain.
Utilisez un gel de toilette sans savon. Il existe des huiles de bain (*Exoméga*) ou du savon à l'huile d'olive (savon d'Alep) qui nourrissent la peau pendant le bain.
Hydratez après chaque toilette avec une crème sans parfum. Si besoin,

appliquez-la matin et soir. Crémez le visage avec du cold-cream, surtout en hiver.
N'utilisez pas d'adoucissant pour son linge et, si la lessive que vous utilisez ne lui provoque pas de rougeurs, n'en changez pas. Vous pouvez également utiliser du savon de Marseille en paillettes.
L'air trop sec peut aggraver la sécheresse de la peau. Installez un humidificateur si besoin.
Les bains de piscine risquent d'aggraver l'eczéma. Rincez soigneusement la peau et hydratez-la ensuite.
L'eczéma semble être également un trouble anxieux, essayez de parler à votre enfant et de calmer ses angoisses.

L'eczéma du nourrisson et de l'enfant est de plus en plus fréquent. Un enfant sur cinq serait concerné.
Les stations thermales proposent des cures spéciales pour les petits eczémateux. Ces cures, partiellement remboursées par la Sécurité sociale sous certaines conditions, permettent d'espacer les crises et de réduire les démangeaisons.

ENTORSE

Les petits sportifs sont plus exposés aux entorses.

Votre enfant s'est tordu la cheville.
Il a eu mal sur le coup et la douleur continue et l'appui le fait souffrir. La douleur peut également avoir disparu ensuite en cas de rupture des ligaments.
La zone touchée peut gonfler et former un œuf de pigeon.
Chez l'enfant de plus de 10-12 ans, les entorses représentent un étirement ou une rupture des ligaments. Chez l'enfant plus jeune, il n'y a que très peu d'entorse, il s'agit en général d'une fracture du cartilage de croissance, mais le traitement est le même.

Appliquez du froid sur la cheville tout de suite après l'accident. Vous pouvez utiliser une poche de glace enroulée dans une serviette ou bien une bombe de froid (*Elastoplast*, *Dynacold*, *Méditech*...).
Si vous le pouvez, immobilisez la cheville le temps de vous rendre aux urgences.
Donnez du paracétamol (*Doliprane*, *Dafalgan*...) pour faire passer la douleur.

Il est impératif de consulter en urgence pour écarter le risque de fracture. Il faudra certainement passer une radio.

On parle de guérison quand l'enfant peut reprendre le sport. Il faut compter environ 1 mois.

Donnez du paracétamol pour calmer les douleurs.
L'articulation touchée sera immobilisée au moyen d'une attelle durant 15 jours à 3 semaines. L'attelle va stabiliser la cheville pour éviter les torsions mais les flexions-extensions seront libres. L'enfant pourra donc poser le pied par terre.

Appliquez de la glace plusieurs fois par jour pendant les 3 premiers jours, c'est le meilleur antalgique qui existe pour une entorse.

Des séances de kinésithérapie seront prescrites, surtout après un premier épisode afin d'éviter les récidives. Il faut alors renforcer les muscles de la cheville pour compenser le déficit ligamentaire dû à l'entorse.

ÉNURÉSIE

Voir « Pipi au lit », page 117.

ÉRYTHÈME FESSIER

« Au feu les pompiers », voilà en somme ce qu'il se passe dans la couche de votre bébé. De quoi le rendre très, très grognon.

Dans la zone située sous la couche, les fesses présentent un aspect très rouge, parfois des petits boutons rouges.
Les érythèmes se développent lorsque l'enfant est resté trop longtemps dans une couche souillée d'urine ou de selles.
Les selles acides dues aux poussées dentaires ou à la gastro-entérite peuvent provoquer des érythèmes fessiers très rapidement.

Agissez vite pour le confort de votre bébé et pour ne pas laisser la porte ouverte aux infections favorisées par la faiblesse temporaire de la protection cutanée.
Changez la couche de votre bébé, nettoyez à l'eau claire, séchez en tapotant tout doucement avec un linge doux et finissez en appliquant

en couche épaisse une pommade destinée à cet usage comme *Bepanthen 5 % pommade* ou *Cicalfate* qui allie des propriétés antibactériennes et réparatrices.
Remettez une couche propre avec un insert 100 % coton (*Cotocouche*, disponible en pharmacie).

Si vous constatez une aggravation des symptômes ou l'apparition de fièvre, consultez votre médecin.

En quelques jours, tout doit être réglé si vous prenez grand soin de bien changer régulièrement la couche et de crémer généreusement les fesses.

La douleur peut être intense, n'hésitez pas à administrer du paracétamol (*Doliprane*) à votre enfant afin de le soulager.

Laissez les fesses à l'air ! OK, il va falloir organiser l'espace avec quelques serviettes éponges ou sortir la serpillière, mais c'est le meilleur remède pour soigner rapidement des fesses rouges.
Oubliez les lingettes qui vont irriter encore un peu plus la zone sensible.

Changez régulièrement la couche de votre bébé, avant et après les siestes notamment pour éviter la macération.
Appliquez une pommade protectrice dès que la peau de votre enfant rougit un peu.
La peau fragile des bébés peut être irritée par certains produits ou lotions de change. Demandez conseil à votre pharmacien ou à votre médecin concernant les produits à utiliser si vous constatez des irritations à répétition.
N'utilisez pas de talc, il favorise la macération dans la couche.
Les érythèmes sont également favorisés par des couches trop petites qui entraînent un frottement sur la peau fragile du bébé. Passer à la taille de couche supérieure peut éviter ce genre de désagrément.

Les traitements antibiotiques peuvent perturber la flore intestinale de votre bébé et peuvent en conséquence entraîner un érythème. Surveillez particulièrement les fesses de votre bébé lors d'un traitement de ce type.

Les enfants nourris au sein auraient moins d'érythème fessier que les autres.

ÉTOUFFEMENT

Il s'agit d'un des accidents domestiques les plus fréquents. Lisez ce qui suit de manière informative pour connaître la marche à suivre si besoin.

Votre enfant a avalé ou inhalé un corps étranger qui lui obstrue les voies aériennes et l'empêche de respirer correctement.

Si l'enfant parvient encore à respirer, encouragez votre enfant à tousser pour expulser ce qu'il a avalé.
Faites appeler le Samu (15 ou 112) par un témoin ou appelez vous-même si vous êtes seul.
Si l'enfant ne respire pas, n'essayez pas de retirer l'objet à l'aveugle : vous risqueriez de l'enfoncer plus et d'aggraver la situation. Dès maintenant, apprenez les bons gestes en suivant les recommandations de la Croix Rouge sur le site : www.croix-rouge.fr/Je-me-forme/Particuliers/Les-6-gestes-de-base/L-etouffement

Même si votre enfant a réussi à éjecter le corps étranger, il est impératif de consulter à la suite de cet événement pour vérifier qu'il n'y a pas de séquelles.

Interdisez les cacahuètes et les bonbons de la taille d'une bille tant que votre enfant n'est pas en mesure de comprendre qu'il faut les mâcher correctement. Ne les laissez pas à portée de main des plus petits.
Prenez garde à couper la viande de votre enfant en petits morceaux.
Ne laissez pas traîner des petits objets en présence d'un bébé.
Ne faites pas rire un enfant durant son repas.

F

FESSES ROUGES

Voir « Érythème fessier », page 60.

FIÈVRE

Sans gravité par elle-même (sauf dans de très rares cas) et très fréquente, la fièvre entraîne un inconfort contre lequel il faut lutter.

On parle de fièvre à partir de 38 °C si l'enfant est au repos.
La fièvre peut s'accompagner de frissons.
L'inconfort provoqué dépend de chaque enfant et de la cause de la fièvre. Certains sembleront en pleine forme à 39 °C alors que d'autres se sentent très fatigués dès 38,5 °C.
La fièvre est utile, il s'agit d'une réaction naturelle de l'organisme qui lutte contre les infections.
La fièvre peut entraîner des convulsions (voir page 43) chez l'enfant de moins de 5 ans.

Il faut découvrir l'enfant afin de faire baisser sa température ou d'éviter qu'elle ne grimpe. Mettez une couche de vêtements de moins que ce que vous feriez d'habitude et ne l'emmitouflez pas dans une couverture ou une couette.
Faites boire votre enfant en plus grande quantité qu'habituellement pour éviter la déshydratation.
Ne surchauffez pas la pièce même si votre enfant se plaint d'avoir froid, 19 °C reste la température idéale.

La fièvre n'est pas un motif de consultation. Si elle persiste plusieurs jours (plus de 48 heures chez l'enfant de moins de 2 ans et plus de 5 jours chez le plus grand) ou que votre enfant semble abattu, il devient alors nécessaire de consulter un médecin.
Même si elle vous fait peur, une fièvre qui monte à 40 °C n'est pas un motif de consultation en urgence.
En revanche, pour un nourrisson de moins de 3 mois, on consulte tout de suite à partir de 38 °C.

La fièvre montre que le corps de votre enfant lutte, il vaut mieux le garder à la maison afin qu'il récupère au plus vite.

N'associez pas plusieurs médicaments contre la fièvre, sauf si votre médecin le recommande.
On traite une fièvre à partir de 38 °C avant 2 ans et 38,5 °C après. Il s'agit surtout de remédier à l'inconfort ressenti par l'enfant. En première intention, donnez du paracétamol (*Doliprane*, *Efferalgan*, *Dafalgan*...) qui a moins de contre-indications que l'aspirine ou l'*Advil*. Respectez les posologies même si la fièvre ne baisse pas.

Les autres antipyrétiques (médicaments destinés à faire baisser la fièvre), comme les anti-inflammatoires non stéroïdiens (*Ibuprofen*, *Advil*, *Nurofen*...) ou l'aspirine (*Aspégic*, *Aspirisucre*, *Catalgine*...), présentent des risques d'effets secondaires. Demandez conseil à votre médecin concernant leur utilisation, surtout si vous suspectez une varicelle.

Si cela apporte un peu de réconfort, appliquez un gant de toilette mouillé d'eau fraîche avec de l'eau de fleur d'oranger sur le front et les tempes.
À noter : le bain rafraîchi de 2 °C en dessous de la température comme il était autrefois préconisé n'est plus indiqué. Il risque d'augmenter l'inconfort de votre enfant.

Si vous confiez votre enfant à quelqu'un, transmettez-lui toutes ces indications afin qu'il agisse de manière adaptée en cas de fièvre.

La prise de température la plus fiable se fait par voie rectale (l'anus). Appliquez un peu de *Vaseline* avant la prise de température.
Si vous prenez la température sous l'aisselle, ajoutez 0,5 °C.
Si vous prenez la température sous la langue, ajoutez 0,5 °C et prenez-la à distance (au moins 15 minutes) de la prise d'une boisson chaude ou froide pour ne pas la fausser.
Il existe des thermomètres qui prennent la température sur le front, dans l'oreille ou sur la tempe. Reportez-vous à leur notice.

FRACTURE

On ne peut malheureusement pas mettre nos enfants sous cloche et parfois leurs chutes sont un peu plus graves. Attention aux fractures !

Votre enfant est tombé dans un escalier ou d'un arbre par exemple ou a été victime d'un traumatisme direct.
Il est difficile d'évaluer par vous-même s'il s'agit d'une fracture mais si votre enfant souffre beaucoup et que mobiliser la partie touchée lui semble impossible, il faut envisager la fracture.
Si un bébé refuse de bouger un membre ou crie lorsqu'on le touche à cet endroit, il faut suspecter la fracture.

Il ne faut surtout pas bouger le membre touché, une manipulation maladroite risque d'entraîner des complications. Laissez donc votre enfant dans la position dans laquelle il se trouve en essayant de lui apporter un peu de confort.
En cas de fracture ouverte (plaie et os éventuellement visible), appelez le Samu (15 ou 112) et appliquez des compresses stériles sur la plaie.
Si la cuisse est touchée, appelez le Samu (15 ou 112). Une fracture du fémur peut entraîner une hémorragie.
Si c'est le bras qui est touché, immobilisez-le en écharpe afin de soulager votre enfant.

Rendez-vous à l'hôpital pour confirmer la fracture par le biais d'une radio et éventuellement plâtrer ou immobiliser le membre touché.

Tout dépend de la zone du corps touchée. Un poignet cassé n'empêche pas d'aller à l'école. À vous de voir si votre enfant peut se déplacer sans être trop handicapé par sa fracture. Il lui faudra également un peu de temps pour se remettre de ses émotions et de la douleur.

Une fracture se consolide de manière différente selon les os touchés, la nature de la fracture et l'âge de l'enfant. Il faut suivre à la lettre les prescriptions en ce qui concerne l'immobilisation. Une rééducation sur plusieurs séances sera sans doute nécessaire chez un kinésithérapeute.

Vous pouvez administrer du paracétamol si la douleur est trop vive.
Le médecin prescrira éventuellement un antidouleur plus puissant.

Pour une bonne récupération et la consolidation de la fracture, il faut du calcium, de la vitamine D et du soleil ! On trouve la vitamine D dans

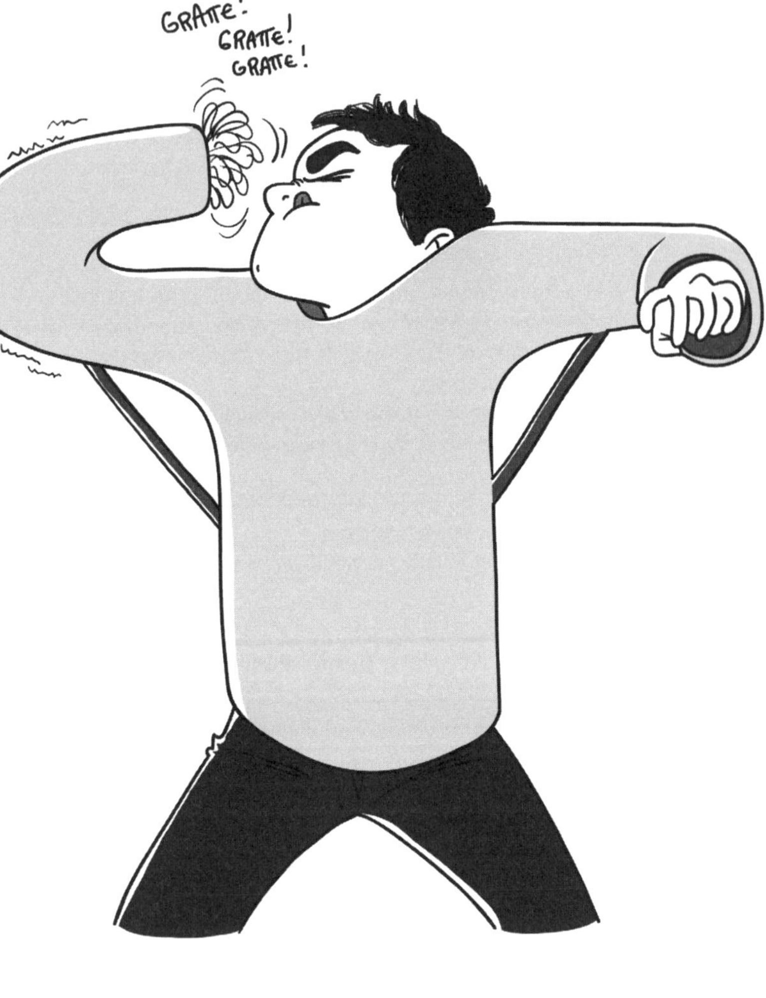
GRATTE !
GRATTE !
GRATTE !

les poissons gras, l'huile de foie de morue (la fameuse) ou encore le jaune des œufs. Exposez votre petit malade à la lumière du soleil pendant une vingtaine de minutes par jour, même (et surtout) en hiver, afin que son corps synthétise la vitamine D.

FRELON

Voir « Guêpe (piqûre de) », page 78.

FURONCLE

Des boutons, vous en avez déjà vu mais un comme ça, on n'en croise pas tous les jours !

Il s'agit d'un bouton rouge en relief, en forme de cône avec du blanc au milieu. Les alentours du bouton sont chauds, rouges et douloureux.
Le furoncle est une infection du follicule pileux (poil). Il s'agit d'un petit abcès occasionné par la bactérie* appelée staphylocoque doré.
Il se retrouve bien souvent sur les ailes du nez, les fesses, la raie des fesses, les aisselles ou l'aine mais peut se rencontrer sur tout le corps.
À noter : un furoncle peut être accompagné de ganglions et de fièvre.

Si le furoncle se trouve sur le visage, consultez tout de suite votre médecin pour éviter des complications.
Si votre enfant a de la fièvre ou des ganglions qui semblent liés à ce furoncle, consultez également.

Pour éviter de transmettre la bactérie très contagieuse, votre enfant ne doit pas « triturer » son bouton.
Lavez-vous les mains avant et après l'avoir soigné.
Changez régulièrement le linge de toilette et la literie.

Le furoncle disparaît rapidement une fois le pus écoulé.

L'application locale d'un antiseptique (*Bétadine*) peut suffire à soigner le furoncle.
Éventuellement, le médecin vous prescrira une crème antibiotique (*Fucidine*) à appliquer en pansements.

Protégez la lésion avec un pansement si besoin.

On ne tente aucune recette de grand-mère sur un furoncle pour ne pas risquer de laisser la porte ouverte au staphylocoque doré.

Ne pressez pas les boutons d'acné.
Surveillez la bonne hygiène corporelle de votre enfant sans devenir maniaque non plus.

Ne pressez surtout pas un furoncle ! La bactérie pourrait alors se développer plus largement et devenir dangereuse.

Les furoncles à répétition peuvent être le signe d'autres maladies comme le diabète, signalez-le à votre médecin.

G

GALE

« Oh, ça va, j'ai pas la gale » ! Et bien, si...

Votre enfant souffre de fortes démangeaisons (prurit) particulièrement la nuit ou après un bain chaud dans les zones de plis (entre les doigts, sous les bras, aux plis du coude et du poignet, sur le ventre, la poitrine, etc.).
Sa peau présente des lésions parfois suintantes et de très petits boutons perlés grisâtres ou rouges.
La gale est une infection due à un parasite (sarcopte). La femelle creuse dans l'épiderme des galeries où elle dépose ses œufs, ce qui entraîne les démangeaisons.
Un prélèvement est parfois nécessaire pour confirmer le diagnostic.

Prenez rendez-vous tout de suite chez le médecin si vous suspectez une gale afin de limiter la contagion.

La gale est une maladie très contagieuse qui se transmet d'humain à humain. Il suffit d'un contact de peau à peau ou avec du linge contaminé pour transmettre la gale. Un enfant touché peut contaminer facilement sa famille et son entourage s'il est en collectivité.
L'incubation dure trois semaines ou seulement quelques jours en cas de réinfestation.

Votre enfant ne peut être accepté en collectivité en raison de la grande contagiosité de la gale. Il est important de prévenir le personnel encadrant afin que des mesures de désinfection soient prises et que les services d'hygiène soit prévenus si besoin.
La durée de l'éviction dépend de la structure d'accueil, mais elle dure au minimum trois jours à compter du début du traitement. Un examen parasitologique négatif peut être demandé pour la réintégration.

La gale ne guérit pas spontanément, le traitement est donc indispensable.
Les démangeaisons peuvent durer quelques jours après le début du traitement, mais tout rentrera dans l'ordre assez vite.

Votre médecin prescrira à l'enfant malade un médicament antiparasitaire par voie orale ou en lotion à badigeonner sur le corps. La famille et l'entourage direct doivent être traités eux aussi même en l'absence de symptômes.

Le risque de complication réside dans la surinfection bactérienne qui nécessite une prise d'antibiotique, mais la gale peut également provoquer un eczéma.

Il est impératif de passer en machine (à 60 °C) tout le linge porté par l'enfant ainsi que son linge de lit et de toilette. N'oubliez pas de laver les peluches et autres doudous. Étendez cette mesure à toute la famille pour éviter une épidémie.
Lavez quotidiennement les vêtements de votre enfant. Mettez-les en machine dès qu'il les enlève et faites de même pour son pyjama.
Arrosez généreusement de poudre antiparasitaire les tissus que vous ne pouvez pas laver et enfermez-les dans un sac poubelle durant 48 heures.
Coupez les ongles de votre enfant le plus court possible afin d'éviter les lésions et de limiter la contagion.
Demandez à votre enfant de se laver les mains plus souvent que d'habitude pour éviter la contagion.

La gale est une maladie très mal vue. On l'associe à l'idée de saleté. Expliquez à votre entourage qu'il n'en est rien et que si le manque d'hygiène favorise sa contamination, il n'est pas la cause de cette maladie.

GANGLIONS

La présence de ganglions signifie que le corps lutte et signale une infection, une inflammation, le plus souvent bénigne.

Au toucher, vous sentez une boule sous la peau dans la zone du cou, des aisselles ou de l'aine.
Votre enfant a mal lorsque l'on touche cette zone.
Les ganglions indiquent qu'il y a une infection localisée aux alentours de cette zone.

Examinez l'enfant afin de voir s'il n'a pas une plaie près des ganglions ou, s'il n'a pas mal à la gorge, si les ganglions se trouvent sous la mâchoire.

Il faut réfléchir en terme de « trajet » du système lymphatique pour trouver l'origine du ou des ganglions. Une plaie au pied peut entraîner des ganglions à l'aine, un panaris au doigt peut provoquer des ganglions sous l'aisselle, etc.

Il n'est pas nécessaire de consulter un médecin. Cependant, si le ganglion grossit, s'il durcit, s'il persiste plusieurs semaines ou si vous ne trouvez pas de cause à sa présence, il vaut mieux demander l'avis de votre médecin pour confirmer qu'il s'agit bien d'un ganglion. Si c'est le cas, il cherchera son origine en prescrivant éventuellement des examens complémentaires.

Une fois la cause des ganglions éradiquée, les ganglions disparaissent sous 3 semaines.

On peut confondre le ganglion avec un kyste, une hernie ou une boule de graisse. Pensez à signaler les ganglions découverts sur le corps de votre enfant à votre médecin.

Les ganglions gonflés (appelés aussi adénopathie) sont une manifestation classique chez l'enfant. Certains en ont même durant tout l'hiver car ils enchaînent maladie sur maladie.

GASTRO-ENTÉRITE

La gastro-entérite est épuisante pour l'enfant et peut se révéler dangereuse pour le bébé. Malheureusement, avec des enfants en collectivité, il est difficile d'y échapper.

Vomissements et/ou diarrhées…
Un peu de fièvre, des maux de ventre.
La gastro peut avoir différents symptômes suivant le virus et la personne touchée, il n'y a pas vraiment de règle.
Il s'agit d'une infection digestive le plus souvent bénigne due à un virus qui sévit surtout en hiver (de novembre à avril).

Chez l'enfant de moins de 2 ans, donnez systématiquement un soluté de réhydratation* orale aussi appelé SRO* (*Adiaril*, *Picolite*…), un sachet à mélanger dans 200 ml d'eau minérale. Faites boire des petites quantités régulièrement. Il faut conserver cette solution au réfrigérateur et la renouveler au bout de 24 heures.

La consultation est nécessaire dans les cas suivants :
– elle concerne un nourrisson de moins de 3 mois ;
– l'enfant ne boit plus ;
– l'enfant vomit ou a la diarrhée de manière systématique ;
– l'état de santé de votre enfant ne s'améliore pas au bout de 3 jours ;
Consultez apidement si votre enfant a perdu entre 5 et 10 % de son poids.
Consultez en urgence si vous suspectez une déshydratation (voir page 52) ou s'il a perdu 10 % ou plus de son poids.

Elle est contagieuse et risque de toucher une bonne partie de la famille et de l'entourage. Lavez-vous consciencieusement les mains ! Ne mettez pas un enfant malade en contact avec un nourrisson ou une personne âgée.

Il est nécessaire de garder l'enfant au repos pour plusieurs raisons. La gastro épuise votre enfant et il a besoin d'être dans un cocon avec toilettes et bassine à proximité. De plus, elle est contagieuse : mettre votre enfant en collectivité revient à continuer à transmettre l'épidémie.

Une gastro dure généralement 3 jours mais certains virus plus virulents peuvent rendre malade 7 à 10 jours.

Vous pouvez lui administrer un antidiarrhéique (*Tiorfan*, *Smecta*...).
En cas de vomissements, les traitements spécifiques sont en règle générale peu utiles.
Un antispasmodique peut soulager les douleurs abdominales (*Spasfon*...).
Les pro-biotiques (*Ultra-levure*, *Lactéol*...) peuvent aider à rééquilibrer la flore intestinale.

Si vous avez le moindre doute, appelez votre médecin sans attendre.

Adaptez l'alimentation de votre enfant. Proposez du riz, des compotes de pomme, banane et coing ou tout autre aliment qui constipe. Proposez des aliments qu'il mange avec facilité.
Faites boire l'eau de cuisson du riz tiède en petites gorgées et du bouillon salé.
Enlevez de son régime les fruits et légumes crus, les aliments riches en fibres et les jus de fruits.
Contrairement à une idée reçue, les carottes ne sont pas recommandées dans la réalimentation immédiate après une gastro. Dans l'intestin, la carotte, comme une éponge va absorber l'eau et empêcher la bonne renutrition.

En cas de déshydratation, votre enfant sera réhydraté durant 6 heures, durée pendant laquelle il faut éviter toute prise alimentaire. Après ces 6 heures, la réalimentation doit se faire rapidement afin d'éviter tout risque de dénutrition.
Si votre enfant ne veut rien manger, proposez-lui des biscuits salés du style *Tuc* en petite quantité.
Chez le bébé, continuez l'allaitement au sein tout en donnant le soluté de réhydratation.
Si votre médecin vous le conseille (en général chez l'enfant de moins de 6 mois), remplacez le lait artificiel par du lait sans lactose (*Diargal*) disponible en pharmacie.

Il existe un vaccin contre le rotavirus (*Rotarix* ou *Rotateq*) responsable de gastro-entérite sévère chez le bébé. Il est destiné aux nourrissons et peut être réalisé à partir de 6 semaines d'âge. Il se présente sous forme buvable donc pas de piqûre. Demandez l'avis de votre pédiatre.

Attention à la déshydratation qui menace, surtout les nourrissons et les bébés de moins de 24 mois (voir page 52).

GINGIVITE

Et non, il n'y a pas que les caries qui menacent la santé bucco-dentaire de votre enfant, il y a aussi la gingivite. Sortez les brosses à dents !

Il s'agit d'une inflammation de la gencive due à la plaque bactérienne. La gencive présente un aspect rouge et bombé.
Elle saigne très facilement, lors du brossage de dents notamment.

Ne laissez pas votre enfant avec une gingivite qui s'installe même si cela ne semble pas douloureux. Il va avoir besoin d'un détartrage afin de lutter contre la gingivite : rendez-vous rapidement chez le dentiste.

L'amélioration est assez rapide après détartrage mais prudence, il va falloir bien surveiller la bouche de votre enfant pour éviter la récidive.

Les gargarismes avec des solutions adaptées sont préconisés afin d'assainir le milieu et éventuellement de soulager la douleur selon les formules de ces produits. Attention, vérifiez bien à partir de quel âge on peut les utiliser.

S'il sait le faire, votre enfant peut faire des bains de bouche avec de la tisane de camomille (refroidie ou tiède), réputée pour lutter contre la gingivite.
Un massage des gencives avec la pulpe des doigts (après un lavage soigneux des mains) activera la circulation sanguine et favorisera la guérison.

Le brossage des dents après chaque repas est la meilleure arme concernant la gingivite et toutes les autres maladies dentaires. Donnez cette bonne habitude à votre enfant, c'est le meilleur service à lui rendre.
Changez régulièrement la brosse à dents de votre enfant, tous les 3 mois au minimum, et plus souvent si elle s'abîme.
Dès que possible, apprenez-lui à utiliser du fil dentaire.
Si votre enfant est en âge de le faire, vous pouvez lui proposer des bains de bouche afin de lutter contre l'installation de la plaque.

Certains médicaments favorisent l'apparition de la gingivite, pensez à parler des traitements en cours de votre enfant à votre dentiste.

GORGE (MAL DE)

De nombreuses maladies qui peuvent entraîner des maux de gorge : l'angine (page 19), la laryngite (page 95), la pharyngite (page 117), la grippe (page 77), la scarlatine (page 138)...

Si votre enfant souffre de la gorge, vous pouvez lui donner un sirop anti-inflammatoire (*Maxilase*). Ces médicaments semblent cependant peu efficaces en pratique, il s'agit d'un traitement de confort sans preuve scientifique d'efficacité.

GRAIN DE BEAUTÉ (MODIFICATION)

Rien de méchant pour la grande majorité des grains de beauté, simplement, il faut les surveiller.

Votre enfant présente un grain de beauté qui a changé d'aspect. Pour le vérifier, pensez ABCD. On dit qu'il se modifie s'il change d'**A**spect

ou si ses **B**ords sont irréguliers par rapport à avant ou s'il change de **C**ouleur ou bien si ses bords sont **D**entelés.

Nettoyez le grain de beauté avec un antiseptique doux.
Appliquez un pansement en attendant d'aller consulter.

Demandez rapidement son avis à votre médecin, il vous orientera si besoin vers un dermatologue.

Surveillez les grains de beauté situés dans les zones de frottements des habits (élastique de culotte, ceinture...) et au niveau des pieds.
Ne laissez pas votre enfant gratter ses grains de beauté.
Limitez l'exposition au soleil de sa petite peau fragile et protégez-le (manches longues, crème solaire...).

GRIFFURE DE CHAT

À trop faire mumuse avec le chat, votre enfant a récolté quelques souvenirs : de belles griffures. Rien de méchant mais ne négligez pas leur traitement.

De fines marques rouges de griffures qui piquent un peu.

Si les vaccins, notamment celui contre le tétanos, sont à jour chez l'enfant qui a été griffé, vous n'avez pas besoin de consulter. Si le chat n'est pas vacciné contre la rage, il est prudent de demander l'avis de votre médecin.

La plaie doit être lavée à l'eau savonneuse puis désinfectée avec un antiseptique doux (*Biseptine*, *Diaseptyl 0,5 %*).

Vous pouvez laver les griffures quotidiennement avec du savon d'Alep qui est un antiseptique doux naturel jusqu'à cicatrisation complète.

Pour éviter les griffures de chat, rien de tel que d'éviter les chats !

Les chats peuvent transmettre la « maladie de la griffe du chat ». Il faut donc surveiller et consulter en cas d'apparition de fièvre ou de ganglions autour de la griffure ou sous le bras 2 à 4 semaines après la griffure. Si votre médecin a un doute, une prise de sang confirmera et il mettra alors en route un traitement antibiotique.

GRIPPE

À l'approche de l'hiver, favorisée par le froid, la grippe sort de sa cachette et se livre à de véritables épidémies.

Les symptômes de la grippe et ceux du rhume se ressemblent beaucoup : fatigue, fièvre, maux de tête, courbatures, toux sèche...
L'enfant peut éventuellement avoir des diarrhées ou des vomissements.
Dans la majorité des cas, les symptômes de la grippe apparaissent soudainement et sont d'une grande intensité, c'est ce qui permet de l'identifier.
La grippe est une infection virale très fréquente.

Si le malade a moins de 3 mois, consultez en urgence.
Si la grippe entraîne des grandes difficultés à respirer ou si l'attitude de votre enfant n'est pas habituelle, rendez-vous aux urgences.

Le malade est contagieux dès l'apparition des symptômes et pendant une semaine ensuite. La grippe se transmet par microgouttelettes qui empruntent les voies aériennes. L'enfant doit se laver les mains, utiliser des mouchoirs en papier qu'il jettera à chaque utilisation dans une poubelle fermée et couvrir sa bouche quand il tousse. Aérez la pièce où se trouve le malade plusieurs fois par jour pendant 5 minutes.

La grippe entraîne une très grande fatigue. Votre enfant doit rester au le lit tant qu'il n'a pas récupéré ; d'ailleurs, il est difficile pour lui de faire autre chose.
La grippe s'accompagne de toute façon d'une éviction d'une semaine de la crèche ou de l'école.

Dans le cas d'une grippe simple, les symptômes disparaissent en 1 à 2 semaines, mais la toux peut perdurer.

Donnez du paracétamol pour éviter que la fièvre ne monte trop et pour soulager les courbatures.
Si votre enfant souffre de la gorge, vous pouvez lui donner un sirop anti-inflammatoire (*Maxilase*). Ces médicaments semblent peu efficaces en pratique, il s'agit d'un traitement de confort sans preuve scientifique d'efficacité.

Le risque de la grippe est la surinfection ou la pneumonie. Surveillez sa température et son attitude générale. En cas d'aggravation, consultez rapidement le médecin.

Veillez à ce que votre enfant boive plus que d'habitude afin d'éviter la déshydratation et de fluidifier les sécrétions. Proposez-lui des boissons chaudes.
Veillez à la bonne hygiène de son nez en le faisant se moucher ou en effectuant des lavages au sérum physiologique.

Si l'un des membres de la famille est touché par la grippe, il faut garder une distance d'1 mètre et porter un masque pour minimiser les risques de contamination.
Il existe un vaccin contre la grippe qui doit être refait chaque année en début d'hiver, car le virus* mute et l'efficacité du vaccin se perd d'une année sur l'autre.
L'échinacée est une plante réputée pour booster les défenses immunitaires. Demandez conseil à votre pharmacien.

GUÊPE (PIQÛRE DE)

L'été a son lot de désagréments. Les piqûres d'insectes en font partie et malheureusement, les guêpes ont tendance à s'inviter autour de la table du déjeuner sans y avoir été conviées. Si bien souvent elles ne font que passer, parfois, elles laissent un cuisant souvenir.

La douleur est instantanée.
Un œdème apparaît très rapidement.

En cas de piqûre dans la bouche, on appelle tout de suite le Samu (15 ou 112) en raison du risque d'asphyxie.
Si le dard est encore dans la peau, il faut l'enlever sans presser autour avec une pince à épiler afin de ne pas diffuser le venin.

On va voir le médecin :
– si l'enfant a des antécédents d'allergies aux piqûres ;
– s'il y a plusieurs piqûres ;
– si la piqûre est suivie d'une gêne pour respirer ou d'un malaise ;
– si l'œdème gonfle beaucoup.

Les démangeaisons dues aux piqûres de guêpes peuvent durer jusqu'à une semaine.

Désinfectez la plaie avec de l'alcool à 60° ou avec une solution antiseptique.

Si les démangeaisons sont très fortes, le médecin peut prescrire des crèmes antihistaminiques ou à base de corticoïdes.

Surveillez bien que votre enfant ne fasse pas de réaction allergique ou toxique et en cas de doute, emmenez-le chez le médecin.

Approchez une source de chaleur (cigarette, bougie...) de la plaie en prenant garde de ne pas brûler la peau. La chaleur détruit le venin de la guêpe.

Restez calme si une guêpe vient vous tourner autour.
Ne servez pas de boisson en canette mais dans des verres transparents, car les canettes de soda font de bonnes cachettes pour les guêpes.
Portez des vêtements clairs.

La conduite est la même à tenir en cas de piqûre d'abeille ou de piqûre de frelon.

H

HALEINE (MAUVAISE)

La mauvaise haleine est rare chez l'enfant qui se trouve en parfaite santé. Il va donc falloir trouver sa cause pour y remédier.

Votre enfant sent mauvais de la bouche.

Il faut chercher la cause de cette mauvaise haleine :
– Une dent cariée mal soignée ou une hygiène dentaire douteuse.
– Le fait de téter un doudou (peluche, tissu, couverture).
– Le fait de respirer constamment par la bouche.
– Un problème du côté du système digestif, des végétations, des amygdales ou encore des poumons.
– Chez les jeunes enfants, un corps étranger coincé dans le nez (et oui, impressionnant et peu ragoûtant).

Si votre enfant a un corps étranger bloqué dans le nez, consultez immédiatement un ORL pour le faire retirer.
Si vous suspectez un problème bucco-dentaire, prenez rendez-vous chez votre dentiste.
Si vous suspectez un problème ORL ou gastro, demandez son avis à votre médecin. Il vous orientera éventuellement chez un spécialiste.

Les bains de bouches (*Hextril, Eludril*...) peuvent être utilisés pour assainir la bouche si votre enfant est en âge de les pratiquer (consulter absolument la notice !). Utilisez-les en traitement d'appoint mais pas de manière prolongée.

Une mauvaise haleine matinale ne doit pas vous inquiéter si elle disparaît après le petit-déjeuner et le brossage des dents.

Proposez à votre enfant de mâcher du persil frais qui permettrait de neutraliser la mauvaise haleine. En plus, il profitera des bonnes vitamines et du fer présents dans le persil !

Tout dépend des causes de la mauvaise haleine mais l'hygiène bucco-dentaire est capitale.

Limitez le sucre, il favorise la formation de la plaque responsable de la mauvaise haleine.

Le nom savant de la mauvaise haleine est l'halitose.

HÉMATOME

Souvent, l'enfant se cogne contre une table, une chaise, un mur... Et souvent, l'enfant en ressort avec un joli bleu ou une belle bosse !

L'endroit du choc rougit, puis passe au bleu-violet, ou bien, la zone gonfle. Les vaisseaux sanguins qui sont sous la peau ont explosé sous l'effet du choc et le sang se diffuse dans les tissus. La zone est douloureuse.

Posez durant cinq à dix minutes une poche de glace enroulée dans un tissu sur l'hématome afin de soulager la douleur, d'éviter le gonflement et de limiter l'étendue des dégâts. N'appliquez pas la glace directement sur la peau.

Il faut aller consulter si un hématome apparaît tout seul sans qu'il y ait eu choc, ou si le bleu concerne l'oreille, les yeux ou les testicules.

Avant de guérir, le bleu passe parfois par le jaune, le marron ou le noir. Il disparaît plus ou moins rapidement selon les natures.
Il faut compter une semaine environ pour qu'il disparaisse.

Appliquez en massant doucement une crème à base d'arnica (*Arnican*, *Arnica*, *Arnigel*...).
Vous pouvez administrer de l'*Arnica 5CH* (homéopathie) matin et soir.
Si la douleur perturbe votre enfant, donnez-lui une dose de paracétamol (*Doliprane*, *Dafalgan*, *Efferalgan*...).

Ne donnez pas d'aspirine, cela fluidifie le sang et favorise le développement des hématomes.

L'application d'une décoction tiède de fleur de camomille permettrait une résorption plus rapide du bleu et de la bosse. Humectez une compresse et appliquez sur la zone deux fois par jours durant 30 minutes.

HERPÈS LABIAL

Voir « Bouton de fièvre », page 27.

I

ICTÈRE

Voir « Jaunisse », page 93.

IMPÉTIGO

Nullement grave mais dérangeant et peu esthétique, l'impétigo sévit en toute saison mais surtout en été.

L'éruption commence autour du nez et de la bouche par des petites vésicules* (bulles translucides) qui se transforment en pustules et éclatent. Le contenu libéré va former une croûte jaunâtre en séchant. Ces boutons démangent.
Il s'agit d'une infection cutanée superficielle due à une bactérie* (streptocoque ou staphylocoque).

Nettoyez avec un antiseptique (*Biseptine*, *Chlorhexidine*...).
Couvrez avec un pansement.

Consultez rapidement votre médecin, il établira le traitement à donner selon l'étendue de l'impétigo.

L'impétigo est contagieux. Lavez-vous soigneusement les mains après avoir soigné la peau de votre enfant.
En se grattant, l'enfant va étendre les zones touchées. L'impétigo peut alors s'étendre à tout le corps, notamment au cuir chevelu.

Si l'on ne peut pas recouvrir d'un pansement ou de vêtements les zones touchées, un impétigo justifie une éviction scolaire de 72 heures après le début du traitement antibiotique.

La cicatrisation se fait en quelques jours.

Si les lésions sont peu étendues, il suffit de nettoyer avec un antiseptique local et d'appliquer une crème antibiotique.
Un traitement antibiotique par voie orale peut être envisagé si l'infection est étendue.

Coupez les ongles ras pour éviter la propagation des boutons. Nettoyez scrupuleusement le linge de lit et de toilette.

On attribue à tort l'impétigo à une mauvaise hygiène. Toutefois, une bonne hygiène des mains permet de limiter la contagion.

INDIGESTION

Les enfants ont souvent des petits dérangements au niveau du ventre, parfois, c'est le repas qui passe mal.

Après un repas plus copieux que d'habitude (plus riche en gras ou en sucre), votre enfant se sent lourd, ballonné au niveau du ventre. Il a éventuellement mangé trop vite, bu de grande quantité de jus de fruit ou de soda.
Il peut ressentir des nausées (voir page 105), roter ou se plaindre de crampes d'estomac.

Cherchez la cause de cette indigestion pour éliminer une éventuelle intoxication alimentaire (voir page 89).
Allongez votre enfant au calme et donnez-lui une bouillotte chaude enveloppée dans une serviette-éponge à appliquer sur son ventre. Testez la température sur votre propre ventre pour ne pas risquer de brûlure.

Si votre enfant se met à vomir beaucoup et qu'il a de fortes douleurs abdominales, consultez sans tarder.
En cas de récidives régulières, prenez un avis médical.

L'indigestion passe en quelques heures.

Si les maux de ventre sont pénibles, vous pouvez donner un antispasmodique (*Spasfon*).
Les pro-biotiques peuvent avoir une action bénéfique dans le cas d'indigestions récidivantes.

INFECTION URINAIRE

Fréquentes chez l'enfant, les infections urinaires (cystites) sont difficiles à détecter mais doivent être prises au sérieux et traitées au plus vite.

Une infection urinaire peut se détecter par : des urines foncées ou malodorantes, du sang dans les urines, une douleur lors de la miction*, de la fièvre.
Des petits pipis dans la culotte ou une envie très pressante récurrente doivent vous faire penser à la cystite.
Chez le nourrisson, il est parfois difficile de détecter une infection urinaire. Une fièvre sans autre trouble apparent peut vous mettre la puce à l'oreille.
Une analyse d'urine permettra de confirmer le diagnostic.

Si vous suspectez une infection urinaire, prenez rapidement rendez-vous chez le médecin.
Si votre enfant a une fièvre élevée et éventuellement mal au ventre ou au dos, il faut suspecter une pyélonéphrite et consulter en urgence afin de commencer un traitement et effectuer des examens complémentaires (prise de sang, échographie des reins).

Des antibiotiques seront prescrits pour se débarrasser de l'infection.

Chez le nouveau-né, une pyélonéphrite peut être le signe d'une anomalie urologique.

Faites boire votre enfant plus que d'habitude.
Le jus de cranberry est efficace dans la lutte contre les bactéries* responsables des cystites. Faites boire un verre de jus matin et soir jusqu'à la guérison.

Les couches sales portées trop longtemps peuvent entraîner des infections urinaires, changez votre enfant régulièrement et dès qu'il y a une selle.
Veillez à la bonne hygiène des parties intimes de votre enfant sans trop insister non plus, surtout chez les petites filles.
La présence d'oxyures (voir page 112) et la constipation favorisent les infections urinaires.
Expliquez à votre enfant qu'il ne doit pas se retenir de faire pipi.
Si l'enfant fait des cystites à répétition, il faut consulter afin d'établir un traitement préventif.

INGESTION DE PRODUITS MÉNAGERS

La maison regorge de bouteilles et de produits dangereux pour l'enfant. Parfois, l'accident arrive malgré toutes les précautions prises.

Votre enfant a avalé un produit ménager type Javel, nettoyant WC, lessive, produit à base de soude caustique ou d'ammoniaque, sels ou pastilles pour lave-vaisselle, solvant…
Ces produits entraînent de graves brûlures de la bouche et du tube digestif et occasionnent de forts maux de ventre.
L'ingestion de ces produits peut avoir des conséquences gravissimes.

Appelez immédiatement le SAMU (15 ou 112), avec la bouteille du produit incriminé sous les yeux pour donner le maximum de renseignements. La vie de votre enfant peut être en danger.

Ne faites pas boire de lait comme on le dit parfois. D'ailleurs, ne faites rien boire du tout.
Ne faites pas vomir, cela risquerait d'empirer la situation.
Ne donnez aucun médicament.

Placez les produits ménagers dans un meuble fermé à clé, si possible en hauteur. Il existe des systèmes faciles à installer pour bloquer l'ouverture des portes des placards. Ils sont assez efficaces et « résistent » aux enfants de moins de 5 ans !
Fermez consciencieusement les bouchons de sécurité.
Rangez systématiquement un produit tout de suite après son utilisation.
Expliquez à votre enfant que l'on ne boit pas dans une bouteille qui traîne même si la couleur ou l'odeur lui fait envie.
Ne mettez jamais de produits ménagers dans une bouteille d'eau, de lait ou de jus de fruits, la confusion est trop facile. Laissez-les dans leur bouteille d'origine.
Lorsque vous êtes chez des amis qui n'ont pas d'enfants, soyez vigilants, les produits ménagers sont souvent plus accessibles que dans les maisons où vivent des enfants.

INGESTION DE SAVON/SHAMPOOING

Comment résister à cette bonne odeur de pêche ou de pomme qui sort de ce joli flacon ?

Votre enfant a ingéré un produit moussant comme un gel douche, du shampooing, du liquide vaisselle ou du produit pour faire des bulles. Ces produits sont peu toxiques mais nécessitent tout de même une surveillance accrue s'ils ont été avalés.

Dites à l'enfant de cracher et rincez-lui l'intérieur de la bouche avec un linge humide.
Faites lui manger un aliment gras comme du beurre ou de la pâte à tartiner sur un morceau de pain.
Ne lui donnez rien à boire durant trois heures pour éviter de faire mousser le produit.
Appelez le centre antipoison (voir page 170) et donnez-leur le maximum de détails sur le produit ingéré en vous référant à la liste des composants.

Ne faites pas vomir votre enfant.
Ne lui donnez aucun médicament.

Si votre enfant a bu une grande quantité de liquide moussant, s'il se met à tousser, ou s'il souffre de maux de ventre, rendez-vous aux urgences.
Surveillez votre enfant durant 24 heures et en cas de diarrhée, fatigue intense, maux de tête ou vomissements, consultez un médecin.

Ne laissez pas votre enfant seul dans son bain jusqu'à ce qu'il ait 5 ou 6 ans. Tout d'abord parce qu'il y a un risque de noyade (un enfant peut se noyer dans 20 cm d'eau) et ensuite parce que c'est souvent à ce moment qu'il va vouloir boire un produit moussant.
Si vous constatez que votre enfant est attiré par les gels douche et leur odeur séduisante, rangez-les entre chaque bain dans un endroit inaccessible. Contraignant, certes mais tranquillisant.
Expliquez à l'enfant que le savon sent bon, mais qu'il s'agit de quelque chose de dangereux et qui a très mauvais goût.

INSOLATION

L'insolation chez l'enfant et surtout le bébé peut être dramatique, aussi le mieux est de prévenir !

Après une exposition au soleil, votre enfant a des maux de tête et une fièvre élevée (39 °C) qui ne baisse pas malgré les médicaments antipyrétiques.
Sa peau est très chaude.
Son cœur bat plus vite.
Il peut éventuellement avoir la nausée, vomir, avoir des maux de ventre, avoir une forte diarrhée, faire un malaise, sentir une raideur dans la nuque ou parfois convulser.
Un bébé se montrera grognon, indolent ou agité.
Le corps n'arrive pas à gérer le trop-plein de soleil et la température a du mal à se réguler.

Déshabillez l'enfant, laissez-le en sous-vêtements et installez-le dans la pièce la plus fraîche.
Rafraîchissez sa peau avec un brumisateur ou un gant de toilette humide.
Laissez l'eau sécher seule sans l'essuyer, cela permet de mieux rafraîchir.
Faites-le boire régulièrement de petites gorgées d'eau à température ambiante. Ne le forcez pas s'il ne le souhaite pas.
Appelez le Samu (15 ou le 112) si vous avez besoin de conseils.

Si le malade est un bébé de moins de 2 ans, rendez-vous aux urgences.
De même si l'enfant vomit ou perd connaissance ou si vous avez le moindre doute sur le degré de gravité, foncez aux urgences ou appelez le Samu (15 ou 112).

Une insolation peut entraîner une déshydratation (voir page 52).

Les nourrissons ne doivent pas être exposés au soleil.
Évitez de sortir les enfants entre 11 h 00 et 16 h 00 en plein été.
Ils doivent impérativement porter un chapeau, des lunettes de soleil et des vêtements couvrants.
Appliquez de la crème solaire avant toute sortie et après chaque baignade.
Sur la plage, utilisez un parasol qui atténue les rayons du soleil.
Faites boire votre enfant plus que d'habitude.

INTOXICATION ALIMENTAIRE

La fourchette de votre enfant a croisé un aliment qui passe mal...

Votre enfant a mal au ventre. Il va éventuellement vomir ce qui va le soulager ou la douleur passera avec la digestion.
Une diarrhée, une sensation de malaise général, une fièvre ou des maux de tête peuvent venir compléter le tableau.
Une intoxication alimentaire peut entraîner d'intenses douleurs à l'estomac.
Elle est due à une bactérie* et peut se déclencher jusqu'à 5 jours après l'ingestion de l'aliment incriminé.

Allongez votre enfant au calme.
Ne cherchez pas à le faire vomir et ne lui faites pas boire de lait qui risque de favoriser l'absorption des toxiques.
Cherchez l'origine de cette intoxication et voyez si d'autres personnes sont également touchées. Conservez les restes des derniers repas.

Consultez en urgence votre médecin afin d'écarter d'autres pathologies comme l'appendicite. Le fait de savoir quel aliment a causé l'intoxication permettra de traiter au mieux l'enfant.
Consultez en urgence si vous trouvez du sang dans les selles.

Si vous avez du *Smecta*, vous pouvez en donner pour soulager les maux de ventre.
Donnez du paracétamol en cas de fièvre.

Il ne faut pas confondre l'intoxication avec l'indigestion (voir page 84).
L'indigestion est due à l'absorption d'une trop grande quantité de nourriture alors que l'intoxication est due à l'ingestion d'un aliment impropre à la consommation.
Surveillez le jeune enfant afin qu'il ne risque pas de déshydratation (voir page 52) et faites-lui boire de l'eau à petites gorgées.

Placez une bouillotte chaude (enroulée dans un linge pour ne pas risquer de brûler votre enfant) sur son ventre.

Faites régulièrement l'inventaire de votre réfrigérateur et ne laissez pas traîner des aliments sur lesquels vous avez un doute.
Nettoyez votre réfrigérateur à l'eau de Javel au moins une fois par mois et vérifiez qu'il soit assez froid.
Utilisez des boîtes hermétiques pour conserver les aliments, couvrez avec du film alimentaire les restes de nourriture.

Si le contenu de votre congélateur a dégelé (dans le cas d'une coupure d'électricité par exemple), cuisez les aliments tout de suite ou jetez-les.
Ne recongelez jamais des aliments déjà décongelés (sauf après cuisson).
Lavez soigneusement vos mains avant de cuisiner ou de mettre la table et veillez à ce que vos enfants en fassent autant.

INTOXICATION MÉDICAMENTEUSE

Attention, on ne rigole pas avec les médicaments !

Votre enfant a avalé des médicaments de manière volontaire ou non.

Contactez le Samu (15 ou 112) afin de savoir quoi faire. Donnez le maximum d'informations sur les médicaments ingérés (nom, quantité...).
N'essayez pas de faire vomir l'enfant et ne le faites pas boire.
En cas de trouble de la conscience, mettez-le en position latérale de sécurité*.

Rangez les médicaments dans des boîtes fermées hors de portée des enfants (placard en hauteur, armoire qui ferme à clé).
Débarrassez-vous des médicaments périmés en les rapportant à la pharmacie.
Ne laissez pas traîner les somnifères près du lit ou dans les tiroirs des tables de chevet.
Expliquez dès son plus jeune âge à votre enfant que les médicaments sont dangereux et qu'il ne doit jamais en prendre seul.
Certains sirops sont appétissants pour l'enfant (paracétamol, antitussifs), expliquez-lui que ce sont des médicaments.
Ne présentez jamais un médicament en disant que c'est un bonbon pour que votre enfant l'accepte mieux.
Ne donnez pas un médicament sans être certain que cela soit le bon.

La dose adulte de certains médicaments peut tuer un enfant de moins de 5 ans.

INTOXICATION PAR LES PLANTES

Avides de découvertes, les plus petits explorent bien souvent le monde avec la bouche et les plantes qui se trouvent dans nos maisons ne sont pas franchement comestibles.

Votre enfant a avalé un morceau de plante.
Les effets peuvent être très divers : vomissements, diarrhées, œdème, brûlure...

Contactez par téléphone le centre antipoison de votre secteur (www.centres-antipoison.net ou voir page 170) en donnant le maximum de détails sur la plante ingérée (nom, couleur, quantité...).
Si vous emmenez votre enfant aux urgences, emportez avec vous un morceau de la plante avalée afin de la faire identifier.

Ne laissez pas les plantes à portée de main de votre enfant (il y a en plus le risque que le pot lui tombe dessus).
Apprenez à votre enfant dès son plus jeune âge qu'il n'a pas le droit de toucher et de manger les plantes.

Légendes de pictos (rappel)

- Description du bobo ou de la maladie
- À faire tout de suite/ d'urgence
- Consulter un médecin
- Contagion
- Garder à la maison
- Guérison
- Remèdes pharmaceutiques/ médicaux
- Remèdes complémentaires alternatifs
- Prévention
- Attention !

J

JAUNISSE

On connaît bien la jaunisse du nouveau-né. Celle des plus grands, également appelée ictère, est la traduction d'un dysfonctionnement au niveau du foie.

Votre enfant a le teint jaune.
Ses conjonctives (blancs de l'œil) sont jaunes également.
Il a des nausées ou vomit.
Ses urines sont foncées et ses selles décolorées.
Il souffre éventuellement de maux de ventre.
La jaunisse s'accompagne de fatigue et parfois de fièvre.
La jaunisse indique que quelque chose ne fonctionne pas bien au niveau du foie puisque la bilirubine* passe dans le sang. Il peut s'agir d'une hépatite ou bien d'un problème qui empêche l'évacuation de la bile.

Prenez rendez-vous immédiatement chez le médecin afin d'établir un diagnostic.

Suivant son origine, la jaunisse peut quelquefois être contagieuse.

La jaunisse est très fatigante, laissez donc votre enfant au repos.

La lumière du jour permet de détruire les pigments jaunes et de retrouver la coloration habituelle lors de certaines jaunisses.
Allégez son régime alimentaire en graisse pour mettre son foie au repos.

La « maladie de Gilbert », une maladie héréditaire sans gravité, peut causer des jaunisses après les périodes de fatigue ou de jeun.

JAUNISSE DU NOUVEAU-NÉ

Aussi appelée ictère néonatal ou physiologique*, cette jaunisse est tout à fait classique. Elle risque tout de même de retarder un peu votre sortie de la maternité.

Quelques jours après sa naissance, votre bébé prend une coloration orangée. Le blanc de ses yeux et parfois ses gencives sont jaunes.
Cette jaunisse est liée à l'immaturité du bébé, la prématurité est un facteur favorisant.

Si vous êtes déjà sortie de la maternité, rendez-vous aux urgences pédiatriques les plus proches. Il est important que cette jaunisse soit suivie médicalement.
Il faut également vérifier qu'il ne s'agit pas d'une jaunisse symptomatique d'une autre maladie, si votre enfant a des selles blanches et des urines foncées, consultez en urgence.

Une fois que le taux de bilirubine dans le sang aura atteint un taux sans danger, on laissera sortir votre enfant. Comptez 4 à 5 jours en moyenne plus parfois.

Votre enfant va se la couler douce sous les lampes puisque l'on utilise la photothérapie pour accélérer l'élimination de la bilirubine qui le rend jaune.

Ne soyez pas impressionné ou inquiet, votre bébé va passer du temps sous les lampes UV avec des petites lunettes. De même, il sera « flashé » avec un appareil pour évaluer son taux de bilirubine. Éventuellement, on lui fera des prises de sang.

De manière exceptionnelle, certains bébés restent jaunes tant qu'ils sont allaités en raison d'un élément présent dans le lait de leur mère qui inhibe le métabolisme de la bilirubine dans le foie. On appelle ça une jaunisse « au lait de mère » et elle ne présente aucune gravité.

L

LARYNGITE

Très impressionnante, la première laryngite de votre enfant vous marquera et vous la reconnaîtrez tout de suite si elle revient !

En toussant, votre enfant fait un bruit qui ressemble à l'aboiement d'un chien. Sa toux est sèche et rauque ; sa voix est très voilée, vous la reconnaissez à peine.
Il a du mal à respirer.
La laryngite se déclare souvent en pleine nuit (évidemment !).
Il s'agit d'une infection du larynx, le plus souvent d'origine virale.

Installez-vous au calme avec votre enfant dans la salle de bains en calfeutrant la pièce avec des serviettes de bain. Laissez couler les robinets avec de l'eau chaude pour dégager de la vapeur d'eau et si possible, laissez la baignoire se remplir. Cela doit permettre à votre enfant de mieux respirer.
Respectez la position prise par votre enfant, ne le forcez pas à s'allonger.

Amenez votre enfant aux urgences s'il peine à respirer (les ailes de son nez s'ouvrent, sa respiration entraîne un creux au niveau du sternum*).
Il aura peut-être besoin d'un aérosol pour aller mieux.
Si la laryngite est accompagnée d'une forte fièvre, rendez-vous aux urgences.
Si la toux ne cède pas au bout de 48 heures, consultez votre médecin.

Les enfants récupèrent très rapidement une fois le traitement débuté.

L'administration de corticoïdes (*Solupred*, *Célestène*...) provoque une amélioration rapide mais a pour effet secondaire d'exciter votre enfant.
En cas de fièvre, vous pouvez donner du paracétamol (*Doliprane*, *Efferalgan*, *Dafalgan*...).
De manière générale, n'administrez pas de sirop contre la toux sans les recommandations de votre pharmacien ou votre médecin.

Vous pouvez donner du miel dans de l'eau chaude ou seul pour adoucir la gorge mais pas chez les bébés de moins d' 1 an en raison du risque de botulisme*.
Si l'atmosphère est sèche, installez un humidificateur ou une coupelle d'eau sur le radiateur (sauf sur un radiateur électrique !).

La laryngite est très courante chez l'enfant de moins de 7 ans.

LUXATION DU COUDE

Assez spectaculaire, la luxation du coude chez l'enfant est tout à fait bénigne mais nécessite l'intervention d'un médecin.

Vous avez rattrapé brusquement votre enfant par le bras pour le retenir, car il allait tomber ou vous l'avez tiré vers le haut pour traverser en descendant ou en montant du trottoir.
Votre enfant a très mal et pleure sans pouvoir s'arrêter ou bien il refuse de bouger son bras.
Vous voyez éventuellement un changement d'angle de son articulation.
Il s'agit d'une subluxation du coude, très douloureuse mais bénigne.

Ne tentez rien par vous-même !
Donnez du paracétamol et filez aux urgences.

Une manœuvre est nécessaire. Rendez-vous aux urgences où un médecin réduira la tête radiale (os du coude) et remettra l'articulation dans l'ordre. Votre enfant va instantanément être soulagé et arrêter de pleurer.

La manœuvre réalisée par le médecin peut être impressionnante, mais elle est indolore et nécessaire.

Dans le milieu médical, on l'appelle la luxation du trottoir !

M

MAL DES TRANSPORTS

Assez pénible pour votre enfant (et pour vous aussi, il faut le dire), le mal des transports (cinétose) nécessite une organisation. Avec une bonne prévention, tout devrait bien se passer, bon voyage !

Votre enfant a la nausée ou vomit dans les transports (voiture, bus, avion, bateau…).
Il connaît éventuellement des sueurs froides et devient blanc.
Plus le trajet est accidenté (lacets en montagne, vagues en mer…), plus le malaise est intense.
Le mal des transports serait lié à un défaut de l'organisme à percevoir les mouvements du véhicule.

Consultez si les symptômes continuent plusieurs heures après l'arrivée.

Une fois descendu du véhicule, le mal se dissipe assez rapidement.

Il existe des médicaments (*Mercalm*, *Nausicalm*, *Vogalib*…) qui soulagent les symptômes du mal des transports à prendre avant le départ. Vérifiez qu'ils sont adaptés à l'âge de votre enfant.
Prévoyez une solution de réhydratation (*Adiaril*…) pour pallier la perte en eaux et en sels minéraux due aux vomissements.

En cas de vomissements, faites boire des boissons sucrées ou salées.
Un bouquet de persil frais porté entre le vêtement et la poitrine soulagerait du mal des transports.
Donnez de l'air à votre enfant en ouvrant un peu la fenêtre si c'est possible.
N'oubliez pas de mettre des sacs plastiques à portée de main de l'enfant en cas de vomissements et des lingettes pour le rafraîchir.

Si votre enfant en a l'âge, cédez-lui la place du passager à l'avant en voiture. Installez-le aussi à l'avant dans le bus. Dans le train, il vaut mieux qu'il se place dans le sens de la marche côté fenêtre. Dans le bateau, mettez-le à l'endroit le plus stable également, au centre.
Faites-le manger avant de partir.

Il doit regarder à l'extérieur en fixant l'horizon et ne pas se concentrer sur une activité à l'intérieur du véhicule comme la lecture ou un jeu vidéo.
Ne surchauffez pas le véhicule.
Favorisez une ambiance calme, car le stress renforce le mal des transports.

Avant de vomir, l'enfant est en général très calme et ne parle plus. Soyez attentif à son attitude pour agir au plus vite.

MAUX DE TÊTE

Voir « Tête (mal de) », page 144.

MÉDUSE (PIQÛRE DE)

Décidément, l'été est le rendez-vous de tous les dangers. Les méduses n'aiment pas partager leur bain de mer, qui s'y frotte s'en souviendra.

Votre enfant a senti une brûlure intense, comme une décharge électrique pendant sa baignade en mer.
La peau présente une allure rouge et boursouflée.
La lésion va ensuite prendre la forme d'une traînée rouge-violacée.
Ce sont les tentacules de la méduse qui occasionnent la brûlure et la douleur.

Rincez la plaie à l'eau de mer ou à l'eau salée, chaude si possible (mais attention à ne pas brûler votre enfant) pendant une dizaine de minutes pour refroidir la brûlure. Ne rincez pas à l'eau douce.
Appliquez du sable, laissez sécher et grattez pour désincruster les cellules urticantes déposées par les tentacules.
S'il reste des tentacules, ôtez-les à la pince à épiler.
Appliquez un antiseptique doux.

Si l'enfant a été piqué au visage ou si les piqûres sont multiples, il vaut mieux consulter un médecin.
Si votre enfant est pris de malaise, de nausées, s'il vomit ou a du mal à respirer, emmenez-le directement aux urgences les plus proches : il peut s'agir d'une réaction allergique importante.

En général, les piqûres cicatrisent entre 3 à 10 jours, mais parfois les cicatrices restent de longues semaines.

Une crème antihistaminique pourra calmer le feu de la piqûre.

Les méduses qui sont échouées sur le sable peuvent être dangereuses. Même mortes, elles restent urticantes pendant plusieurs jours.

Il est déconseillé d'uriner sur la plaie comme on l'entend parfois, car l'urine risque d'infecter la blessure.

Renseignez-vous et regardez le bulletin d'information affiché sur les cabanes des sauveteurs, il signale la présence de méduses.
Faites porter à votre enfant une combinaison qui réduira les zones à risques sur son corps.
La crème solaire *Médusyl*, disponible en pharmacie ou parapharmacie, protégerait la peau humaine en cas de piqûre.

Il ne faut pas tenter d'aspirer la blessure.

MORSURE DE CHIEN

Il s'agit malheureusement d'un accident fréquent, surtout chez l'enfant entre 3 et 11 ans. Les morsures sont le plus souvent situées sur les membres, le visage et le cou ce qui nécessite une réaction rapide.

Votre enfant a été mordu par un chien, les morsures sont en général très profondes même si cela ne se voit pas.
En cas d'hémorragie ou de chair arrachée, contactez immédiatement le Samu (15 ou 112).

Nettoyez la morsure à grande eau et au savon de Marseille.
Appliquez une solution antiseptique.
Enveloppez la plaie dans un linge propre.
Obtenir le maximum d'informations sur le chien qui a mordu, le médecin en aura besoin.

On se rend vite chez le médecin pour faire évaluer la gravité et la profondeur de la morsure. La salive des chiens est un vrai bouillon de culture qui peut entraîner des infections. On pense notamment au tétanos mais aussi à la rage. Vérifiez les vaccins de votre enfant mais aussi ceux du chien en cause.

La plaie guérira plus ou moins vite selon sa profondeur. Il est important de bien la nettoyer et de suivre le traitement préconisé. La plaie sera surveillée jusqu'à cicatrisation.

Votre médecin vous prescrira un antiseptique pour nettoyer la plaie. Éventuellement un antibiotique pour éviter les infections.

Les morsures arrivent le plus souvent dans le cadre familial avec un animal que l'on connaît. Il faut donc être très vigilant lorsque des animaux et des enfants se côtoient. Il est important de prévenir l'enfant que l'on ne fait pas n'importe quoi avec un animal et de le tenir au courant des règles : on ne touche pas un chien qui mange, on ne lui tire pas la queue, on ne caresse pas un animal que l'on ne connaît pas...

On ne laisse pas un enfant en bas âge seul dans la même pièce qu'un chien.

Si votre chien se montre agressif ou s'il essaye de prendre le dessus sur les membres de votre famille, prenez conseil auprès de votre vétérinaire.

Les peaux d'enfants cicatrisent vite, évitez d'exposer la marque de morsure au soleil et protégez-la avec un pansement ou un vêtement.

Un enfant mordu peut ensuite devenir phobique et avoir très peur des chiens. Il faudra donc surveiller cela afin que cela ne devienne pas handicapant pour lui.

MORSURE PAR UN AUTRE ENFANT

La vie en communauté implique parfois de vilaines surprises comme les morsures entre enfants. Les petites dents acérées peuvent laisser des traces.

Ce type de morsure occasionne une belle empreinte de dentition, éventuellement une plaie ouverte.

Nettoyez à la plaie à l'eau savonneuse.
Désinfectez avec une solution antiseptique.

Si la plaie se met à rougir ou à gonfler dans les jours qui suivent, montrez-la à un médecin.

Vérifiez que les vaccins de votre enfant sont bien à jour notamment le tétanos. L'hépatite B peut également se transmettre par la salive, demandez conseil à votre médecin.

Les marques de morsures disparaissent relativement rapidement. Quelques heures suffisent à une morsure légère. Si la morsure est plus profonde, comptez quelques jours.

Vous pouvez appliquer une poche de froid sur la morsure afin de calmer la douleur.

À part empêcher votre enfant de fréquenter d'autre enfant, il n'y a pas vraiment de solution !
Vous pouvez en tout cas lui apprendre à ne pas mordre pour préserver ses petits copains.

MORSURE DE TIQUE

Voir « Tique (morsure de) », page 145.

MORSURE DE VIPÈRE

Voir « Vipère (morsure de) », page 157.

MUGUET

Quel joli nom ! Certes mais le muguet n'est pas une fleur mais un champignon.

Votre enfant a des plaques blanches à l'intérieur des joues, sur la langue et le palais.
Ça le picote ou le brûle.
Le muguet, également appelé candidose buccale, peut se déclencher quelques semaines après la naissance chez le nourrisson.
Il s'agit d'une mycose qui entraîne une inflammation des muqueuses.

Le médecin donnera un traitement antifongique (*Daktarin*, *Mycostatine*...) adapté à l'âge de votre enfant.

Dans le cas d'un bébé allaité qui présente un muguet, il faut voir également du côté de la maman et traiter le sein avec une pommade antifongique si nécessaire. Le muguet entraîne une vive douleur du mamelon pendant l'allaitement.
Certains médicaments comme les antibiotiques favorisent les mycoses.

Aidez la flore intestinale à se remettre en donnant des pro-biotiques afin de ne pas risquer d'enchaîner avec un autre muguet.
Si vous allaitez, nettoyez vos seins au savon surgras avant et après la tétée pendant 3 jours après le début du traitement.
Lavez régulièrement les mains de l'enfant s'il porte ses doigts à la bouche.
Stérilisez les tétines et autres anneaux de dentition après chaque utilisation durant 72 heures.

Veillez à la bonne hygiène bucco-dentaire de votre enfant. Le port d'un appareil dentaire peut favoriser la venue de muguet.

MYCOSE DU PIED

Il s'agit d'une affection touchant surtout le grand enfant ou l'adolescent.

Le pied présente une zone où la peau est épaisse et blanche, le plus souvent entre les orteils. La peau se fissure et tombe par petits lambeaux.
Cela gratte !
Il s'agit d'une mycose, un champignon venu coloniser le pied.

Si l'enfant touché est diabétique, une consultation rapide s'impose.
Si le problème ne cède pas au bout de quelques semaines après traitement, ou s'il récidive régulièrement, consultez.

Soignez particulièrement l'hygiène de la salle de bains pour éviter de propager la mycose à toute la famille.

Un antifongique local (*Pevaryl*) pourra être prescrit. Certains sont disponibles en pharmacie sans ordonnance, demandez conseil à votre pharmacien.

Il est important de traiter cette mycose, car elle risque de s'étendre, notamment aux ongles.

Il existe des sprays antifongiques qui permettent de traiter les chaussures pour éviter la récidive.

Il est important de bien sécher les pieds (surtout entre les orteils) en sortant de la douche afin d'éviter l'humidité qui favorise les mycoses.
Imposez le port de sandales lors des sorties à la piscine ou dans les salles de sport et insistez sur l'essuyage méticuleux des pieds après le bain.
Il est important de bien faire sécher les chaussures après une séance sportive afin d'éviter la macération et de laver les chaussettes à 60 °C.
Si votre ado transpire beaucoup des pieds, envisagez un traitement pour éviter la macération.

Légendes des pictos

- Description du bobo ou de la maladie
- À faire tout de suite/ d'urgence
- Consulter un médecin
- Contagion
- Garder à la maison ?
- Guérison
- Remèdes pharmaceutiques/ médicaux
- Remèdes complémentaires alternatifs
- Prévention
- Attention !

N

NAUSÉES

Ce symptôme fréquent peut avoir des causes très diverses.

Votre enfant a mal au cœur, il se sent nauséeux. Il se plaint d'une sensation de malaise au niveau de l'estomac, d'un écœurement ou d'une envie de vomir.

Ces nausées peuvent s'accompagner de pâleur et de sueurs froides.

Cherchez les causes de ces nausées (voir « Vomissements », page 158).

Consultez en urgence, si les nausées s'accompagnent d'un de ces troubles : vertige, confusion, douleurs violentes, fièvre, perte de conscience, malaise, soif intense, vomissements de bile ou de sang, vomissements très fréquents.

Si les nausées perdurent plus de 24 heures, consultez le médecin afin de chercher leur origine.

Il est déconseillé de donner un médicament contre les nausées (antiémétiques comme *Motilium*, *Vogalène* ou *Vogalib*, par exemple) sans avis médical.

Faites-lui prendre l'air frais.

Allongez-le au calme.

Fractionnez les repas et servez-les à température ambiante.

Faites boire par petites gorgées en dehors des repas.

Évitez-lui les odeurs fortes de cuisine ou de parfum.

Les nausées peuvent être un signe d'anxiété. Essayez de voir si quelque chose tracasse votre petit malade...

Chez l'adolescente, une éventuelle grossesse doit toujours être envisagée.

O

ONGLE INCARNÉ

Voilà un petit mal très désagréable...

Un des coins supérieurs de l'ongle pénètre dans la chair qui rougit et gonfle. Il s'agit très souvent de l'ongle du gros orteil.

Nettoyez avec un antiseptique.
Dégagez doucement la peau autour de l'ongle avec un bâtonnet de buis après le bain lorsque la peau est ramollie.

Si vous remarquez une infection, consultez votre médecin.
Si la peau gonfle ou rougit de manière importante, consultez en urgence.

L'ongle incarné guérit seul en quelques semaines.

En cas d'infection, votre médecin prescrira une pommade antibiotique.

Ne taillez pas les ongles de votre enfant trop courts et n'essayez pas de les arrondir dans les coins.
Les chaussures trop serrées favorisent les ongles incarnés.
Si l'ongle s'incarne de manière chronique, des soins de pédicurie par un podologue peuvent aider à enrayer le processus.

Chez l'adolescent, la transpiration des pieds peut être une cause d'ongles incarnés.

ONGLES RONGÉS

Outre le côté peu esthétique, les ongles rongés sont souvent un symptôme d'anxiété.

Votre enfant se ronge les ongles sans y penser, sans pouvoir s'en empêcher.

Il ronge aussi parfois les petites peaux autour de l'ongle.

Si les doigts de votre enfant présentent des plaies, signalez-les au médecin lors de votre prochaine visite. Le médecin pourra également parler à votre enfant et lui faire exprimer ce qui l'angoisse et qui se traduit par le fait de se ronger les ongles.

Des ongles rongés repoussent rapidement et normalement à l'arrêt du grignotage.
Cette vilaine habitude passe souvent à l'âge adulte mais pas toujours.

Pour empêcher votre enfant de se mettre les doigts à la bouche, vous pouvez lui appliquer un vernis à ongle incolore au goût amer disponible en pharmacie. Cela marche parfois, mais les plus accros au grignotage ne se laisseront pas décourager par ce mauvais goût.
Si un ongle est très abimé, protégez-le avec un pansement.

Il existe un facteur « imitation » ! Si votre enfant vous voit vous ronger vos ongles, il risque de s'y mettre aussi !

Encouragez votre enfant à parler de ce qui l'angoisse. Il essaye d'exprimer quelque chose en rongeant ses ongles, ne le laissez pas seul avec ses peurs.
Offrez à votre enfant un cadre de vie serein. Les tensions, les angoisses et autres stress favorisent l'envie de ronger ses ongles.
Ne culpabilisez pas votre enfant, essayez plutôt de positiver la chose.
Posez-lui un petit défi en lui proposant de ne pas ronger ses ongles durant une journée complète. Puis deux journées, etc. Récompensez-le en conséquence s'il y arrive en lui proposant une sortie à deux par exemple.

Les changements comme l'arrivée d'un nouveau bébé dans la fratrie, un déménagement ou un divorce peuvent entraîner une angoisse qui va conduire l'enfant à se ronger les ongles. Soyez particulièrement vigilant et rassurez votre enfant de manière adaptée durant ce type de période.
L'abandon du pouce ou de la tétine est également une période clé.
L'enfant peut chercher à remplacer le pouce ou la tétine et aura tendance à mettre ses doigts à la bouche.

Un enfant sur 10 scolarisés se ronge les ongles.
Le nom savant de ce trouble est l'onychophagie.

OREILLONS

Cette maladie est devenue très rare en raison des vaccinations réalisées en France. Cependant, si votre enfant n'a pas été vacciné, soyez vigilant.

Votre enfant a mal dans les oreilles car ses glandes parotides (derrière les oreilles) sont enflammées.
Le bas de son visage gonfle et lui donne un petit côté hamster.
Il est fatigué et présente une fièvre modérée (38 °C).
Il s'agit d'une maladie infectieuse virale.

Surveillez l'évolution de la maladie et consultez si les symptômes s'aggravent.

Les oreillons sont très contagieux, la maladie se transmet par la salive. Le malade peut transmettre la maladie de 7 jours avant à 9 jours après le début des symptômes.

L'éviction des collectivités est de 9 jours. Il faut informer le personnel de la collectivité.

Administrez du paracétamol (*Doliprane*, *Dafalgan*) en cas de fièvre ou pour soulager les douleurs.

Les oreillons peuvent avoir de graves conséquences chez l'adolescent pubère ou l'adulte, et entraîner une stérilité chez les garçons.

Appliquez une poche de glace enroulée dans une serviette-éponge en alternance avec une bouillotte tiède sur la zone douloureuse dans le cou.

Il existe un vaccin contre les oreillons, il est administré en même temps que celui de la rougeole et de la rubéole. On conseille fortement de le faire vers l'âge d'1 an (9 mois si l'enfant va en crèche).

On ne peut avoir les oreillons qu'une seule fois dans sa vie.

ORGELET

Les yeux de nos enfants sont fragiles. L'orgelet apparaît du jour au lendemain.

Un petit bouton a poussé à la base de la frange des cils de votre enfant.
Il est douloureux et gonflé.
Du pus va apparaître au bout de 4 à 5 jours.

Une consultation sera nécessaire si le bouton ne disparaît pas dans les 15 jours.

Un orgelet est contagieux, soyez très attentif à l'hygiène de vos mains et celles de votre enfant.

La guérison est spontanée en une quinzaine de jours maximum.

Lavez l'œil au sérum physiologique 3 fois par jour.
Demandez conseil à votre pharmacien concernant l'usage d'une pommade antiseptique.
Votre médecin pourra prescrire une crème antibiotique.

Si l'orgelet concerne une ado qui se maquille, il faut jeter tous ses produits de maquillage pour éviter la récidive.
Si l'enfant est porteur de lentilles, il ne doit pas les mettre. S'il s'agit de lentilles jetables, mieux vaut s'en séparer. Désinfectez les lentilles annuelles.

Appliquez une compresse stérile chaude trempée dans de l'eau bouillie (attention, pas trop chaude lors de l'application) 3 fois par jour pour éliminer le pus.
L'eau de bleuet appliquée en compresses serait efficace pour lutter contre l'inflammation.

ORTIE (PIQÛRE D')

Qui s'y frotte, s'y pique !

Une chute dans les orties et voilà. La peau toute rouge et gonflée, forme des boutons.
Ce sont les poils urticants de l'ortie qui entraînent cette réaction.

Frottez la zone avec des feuilles de plantain, une plante médicinale qui pousse à proximité des orties.
Appliquez de la salive sur la zone rouge.

Les boutons disparaissent en 24 heures.

Si la zone touchée est très étendue ou très douloureuse, vous pouvez appliquer une crème antihistaminique (*Domistan*) pour calmer les démangeaisons.

Si la zone reste sensible, vous pouvez appliquer des compresses de vinaigre (si la peau ne présente pas de plaie) pendant 5 minutes puis rincez à l'eau claire.

OTITE

Difficile de détecter une otite, surtout chez le jeune enfant.

Votre enfant se plaint d'une douleur intense à l'oreille.
Du pus peut parfois couler de son conduit auditif.
Il a de la fièvre.
L'otite vient souvent à la suite d'un rhume (voir page 129).
Elle peut s'accompagner d'une baisse de l'audition, de fatigue, d'une conjonctivite, de vomissements, de maux de ventre ou encore de diarrhées.
Chez le nourrisson, les signes d'otites ne sont pas toujours clairs et il faut penser à l'otite en cas de fièvre. À noter que la position « couchée » est plus douloureuse pour le bébé et son sommeil peut être agité.
Il s'agit d'une inflammation aiguë ou d'une infection de l'oreille puisqu'il existe différentes sortes d'otites (moyenne aiguë, externe, séreuse).

Si vous suspectez une otite, il est impératif d'aller consulter rapidement pour évaluer l'état de l'oreille de votre enfant.
Si un liquide s'écoule chez le nourrisson de moins de 3 mois, consultez en urgence.

Une otite se termine en général en 72 heures après le début du traitement.

Administrez du paracétamol pour calmer la douleur.
Si l'otite est d'origine bactérienne, votre médecin prescrira un traitement antibiotique adapté.
Parfois, il faut percer le tympan (paracenthèse) pour évacuer le pus.
En cas d'otites récidivantes, on peut vous proposer une opération qui consiste à enlever les végétations (glandes adénoïdes).

Les voyages en avion sont dangereux pour un enfant qui présente une otite en raison de la pression qui peut alors menacer le tympan.
Si votre enfant souffre d'otites à répétition, demandez son avis au médecin avant tout voyage en avion.

Ne trempez pas les oreilles de votre enfant dans l'eau lors du bain tant qu'il n'est pas remis de son otite.

Si votre enfant a tendance à faire des otites, faites en sorte qu'il ne mette pas les oreilles dans l'eau lors des baignades en piscine ou en mer.
N'enfoncez pas de coton-tige dans le conduit pour nettoyer les oreilles. Nettoyez l'entrée du conduit auditif sans aller plus loin. Vous risquez de perforer le tympan en farfouillant à l'aveugle avec un coton-tige. Utilisez ceux spécialement destinés aux enfants.
Essuyez soigneusement les oreilles des plus petits à la sortie du bain avec des mouchoirs en papiers roulés.
Comme pour toutes les maladies ORL, la fumée de cigarette favorise le développement des otites.
Faites attention à l'hygiène du nez de votre enfant (mouchage, spray nasal). Tout est lié dans le système ORL.

OXYURES

Voilà des petits invités peu sympathiques. Les oxyures, parasites de l'intestin grêle, occasionnent une vraie gêne.

Votre enfant se gratte les fesses (et la vulve pour les filles) surtout le soir ou la nuit, il a du mal à tenir en place sur une chaise et se tortille.
Il est ronchon, dort mal, fait des cauchemars.
Il présente éventuellement un prurit* anal ou sur la vulve.
Il a éventuellement mal au ventre ou quelques troubles digestifs.
Dans ses selles, vous retrouvez des petits vers blancs d'un centimètre.

Ne vous rendez pas forcément chez le médecin, le pharmacien peut vous délivrer le traitement adapté pour vous débarrasser de ces parasites.

Les femelles pondent leurs œufs autour de l'anus ce qui génère des démangeaisons. L'enfant va se gratter, récolter des œufs sous ses ongles et les transmettre ou bien se contaminer à nouveau en portant ses doigts à la bouche.
Les oxyures se transmettent très facilement. Il convient de surveiller le lavage des mains et de traiter toute la famille si un membre est touché.

L'enfant peut se rendre en collectivité mais il faut prévenir la direction afin que les parents des autres enfants prennent les mesures nécessaires si besoin.

La guérison est rapide mais les oxyures ont tendance à revenir rapidement, soyez vigilants...

Il s'agit d'un traitement à effectuer en deux temps à 15 jours d'intervalle à base de flubendazole (*Fluvermal*) pour toute la famille (sauf pour les femmes enceintes).

Coupez très court les ongles de votre enfant.
Utilisez une brosse à ongles lors du lavage de mains.
Lavez les pyjamas, le linge de lit et le linge de toilette en même temps que vous commencez le traitement.

P

PANARIS

Le panaris fait partie des petits maux qui font très mal.

La partie molle d'un doigt proche de l'ongle présente une rougeur douloureuse.
Du pus s'écoule parfois.
La douleur ressentie peut être pulsatile, c'est-à-dire qu'on la sent « battre ».
Il s'agit d'une infection aiguë provoquée par une bactérie* (streptocoque ou staphylocoque).

Nettoyez le panaris avec un antiseptique (*Biseptine*, *Dermaspray*...).
Couvrez avec un pansement une fois la peau sèche.
Renouvelez le soin chaque jour.

N'essayez surtout pas de presser la peau pour faire sortir le pus.

Si après plusieurs jours, le pus ne s'écoule pas et que le panaris est très douloureux, il faut prendre un avis médical.
Si le panaris semble s'étendre, que le poignet et/ou le bras deviennent rouges, gonflés ou douloureux, consultez en urgence.

Si du pus s'écoule ou que c'est très douloureux, demandez à votre pharmacien qu'il vous prépare un bain de *Dakin*. Trempez le doigt de votre enfant dans ce bain deux ou trois fois par jour pendant une dizaine de minutes.
Le médecin pourra vous prescrire une pommade antiseptique ou antibiotique.

Les compresses de tisane de mauve refroidie auraient un effet calmant. En application, deux fois par jour. Séchez soigneusement la peau avec un tissu propre.

Empêchez votre enfant de se ronger les ongles ou de mordiller les petites peaux qui sont autour.
Les panaris aiment l'humidité. Les gants de ski ou de boxe sont un endroit idéal pour leur développement. Pensez à bien les sécher entre chaque utilisation.

PHARYNGITE

Allez hop, vous reprendrez bien une nouvelle affection ORL ?

L'enfant souffre à l'arrière de la gorge.
Il peut avoir une voix rauque, une toux, le nez qui coule, une fièvre modérée (38 °C), une sensation de fatigue. Il peut être gêné pour avaler lors des repas et avoir mal à la gorge quand il avale sa salive.
Il s'agit d'une inflammation du pharynx (le carrefour des voies respiratoires et digestives), virale dans la plupart des cas.

Si la situation s'aggrave ou que la fièvre augmente, consultez votre médecin.

La pharyngite est contagieuse quand elle est d'origine virale. Soignez particulièrement le lavage des mains.

À vous de juger s'il faut garder votre enfant à la maison, selon son état de fatigue.

Une pharyngite se résout en 3 à 4 jours.

Le paracétamol (*Doliprane*, *Dafalgan*...) peut aider au confort du petit malade.

Faites le boire plus que d'habitude.
Proposez-lui des aliments lisses (purées, compotes...) et des boissons chaudes (soupes, tisanes...) afin de soulager la douleur. Donnez-lui une cuillère de miel avant le coucher (sauf pour les moins de 1 an) avant le lavage des dents.
Les bonbons à la guimauve ou à la réglisse (vendus en pharmacie) auraient un effet apaisant sur la gorge. Quand bien même, c'est un bon placébo qui va régaler votre enfant et lui remonter le moral !
Protégez la gorge de votre enfant avec une écharpe en soie, sauf pour les bébés afin de ne pas risquer un étranglement.

PHIMOSIS DU NOURRISSON

Assez courant chez les garçons, le phimosis du nourrisson ne doit pas vous inquiéter.

Le prépuce du sexe de votre bébé ne peut pas coulisser pour découvrir en entier son gland.
Il s'agit en général d'adhérences qui empêchent le décalottage.

Signalez-le à votre médecin lors d'une visite de contrôle.

On n'entreprend pas de traitement ou de décalottage forcé. On considère que l'enfant s'en occupera lui-même en grandissant et que cela se réglera seul.

Une crème à base de cortisone (*Diprosone 0,05 %*) peut aider à donner de la souplesse aux tissus.

Il ne faut surtout pas forcer le décalottage au risque de faire très mal à votre enfant et d'entraîner des désagréments plus tard.

Si l'adhérence se poursuit au-delà de 3 ans, il peut s'agir d'un phimosis qui nécessite une prise en charge et éventuellement une opération.

PIPI AU LIT

Ce trouble est également appelé énurésie nocturne et touche plus fréquemment les petits garçons.

On parle d'énurésie nocturne chez l'enfant de plus de 5 ans. Avant, on considère qu'il n'a pas forcément la maturité pour contrôler ses sphincters*.
Votre enfant fait pipi dans son lit durant la nuit occasionnellement ou régulièrement.

Ne disputez pas votre enfant et ne le punissez pas, il ne le fait pas exprès.
Changez les draps avec son aide sans lui présenter la tâche comme une punition. Le fait de participer limitera sa culpabilité.
S'il est mouillé et qu'il dort encore, ne le réveillez pas pour le changer.

Signalez à votre médecin ce problème. Consultez si votre enfant a mal lorsqu'il urine, a des urines rosées ou une soif anormale.
S'il recommence à faire pipi au lit alors qu'il ne le faisait plus depuis 6 mois, consultez également, il peut y avoir une cause physiologique* ou bien psychologique (arrivée d'un nouveau dans la fratrie, déménagement, changement d'école...).

L'énurésie guérit par elle-même avec le temps dans la majorité des cas.

Il existe un traitement (*Minirin*) qui diminue la quantité d'urine et permet à votre enfant de partir en colonie ou d'aller dormir chez des copains.

Demandez-lui d'aller aux toilettes avant de se coucher.
Ne l'empêchez pas de boire, mais évitez les excès de liquide lors du dîner.
Ne lui mettez pas de couche, montrez-lui que vous lui faites confiance.
Facilitez-lui l'accès aux toilettes de nuit en lui mettant à côté du lit une lampe de poche ou une veilleuse.
Valorisez-le lorsque le lit n'est pas mouillé le matin.
Facilitez-vous la vie en installant une ou plusieurs alèses dans le lit et en préparant chaque soir de quoi changer le lit et votre enfant.
Il existe des systèmes d'alarme qui se déclenchent aux premières gouttes d'urine. Le souci, c'est que le bruit réveille toute la maisonnée !

Certains enfants vont mettre plus de temps à acquérir la propreté nocturne, tout dépend de la maturation de la commande de la vessie.
Un enfant dont les parents ont été énurétiques a plus de risques de l'être.

PIQÛRE DE CHENILLE

Voir « Chenille (piqûre de) », page 38.

PIQÛRE DE GUÊPE

Voir « Guêpe (piqûre de) », page 78.

PIQÛRE DE MÉDUSE

Voir « Méduse (piqûre de) », page 98.

PIQÛRE DE PUCE

Voir « Puce (piqûre de) », page 124.

PIQÛRE D'ORTIE

Voir « Ortie (piqûre d') », page 112.

PLAIE

Nos enfants sont de vrais cascadeurs, il n'est pas rare de les voir revenir de leurs explorations dans le jardin les genoux ou les bras abîmés.

La plaie est simple et de petite taille (la moitié de la taille de la main de votre enfant), elle ne contient pas de corps étrangers, n'est pas profonde, ne saigne pas abondamment, ne touche pas le ventre et ne se trouve pas à proximité d'un orifice naturel.

Nettoyez la plaie à l'eau savonneuse.
Désinfectez à l'aide d'un antiseptique (*Chlorhéxidine*, eau oxygénée...).
Appliquez un pansement adhésif adapté à la taille de la plaie.

Vous pouvez gérer cette plaie vous-même, sinon consultez un médecin d'urgence ou emmenez votre enfant aux urgences.
Si la plaie s'infecte, fabrique du pus, rougit ou semble lente à cicatriser, demandez conseil à votre médecin notamment pour éviter une vilaine cicatrice.

Nettoyez la plaie quotidiennement avec une solution antiseptique non colorée afin de suivre son évolution et remplacez le pansement.

Appliquez de la teinture de calendula (une dose diluée avec 9 doses d'eau) qui prévient l'infection et favorise la cicatrisation.

Les plaies qui se sont faites dans le jardin doivent vous inciter à vérifier que votre enfant est à jour de son vaccin contre le tétanos. Sinon, un rappel antitétanique sera effectué.

Ne laissez pas votre enfant exposer cette plaie au soleil tant qu'elle n'est pas complètement cicatrisée.

POUSSÉES DENTAIRES DU BÉBÉ

Si certains bébés ne subissent aucun désagrément lors des poussées dentaires, d'autres souffrent énormément.

La gencive de votre bébé est gonflée, rouge. Parfois on voit la dent en transparence.
Votre bébé porte ses mains ou des objets à la bouche et mord tout ce qu'il trouve.
Il se met à crier soudainement ou à pleurer.
Il est plus grognon que d'habitude.
Ses joues peuvent prendre une coloration très rouge.
Il peut baver en petite quantité et avoir le nez qui coule.
Les selles acides et liquides accompagnent parfois la percée dentaire. Surveillez afin d'éviter un érythème fessier.
Une fièvre modérée, inférieure à 38,5 °C peut accompagner une poussée.
Les nuits sont souvent entrecoupées de réveils en pleurs.

Vous pouvez donner du paracétamol (*Doliprane*, *Dafalgan*...) pour calmer la douleur. Les nuits risquent d'être agitées, donnez une dose avant le coucher.
L'homéopathie (*Camilia*, *Chamomilla*...) semble avoir de bons résultats pour apaiser les douleurs de poussées. Diluez les billes dans quelques gouttes d'eau et donnez à la pipette.
Appliquez un anesthésique local (*Dolodent*) ou un gel de massage gingival (*Dologel*, *Pansoral*...) sur les gencives pour atténuer la douleur en cas de crise. Après avoir lavé vos mains, massez avec votre doigt en faisant attention de ne pas vous faire croquer !

Donnez-lui un jouet en caoutchouc ou un anneau de dentition à mâchouiller, certains se conservent au réfrigérateur et apaisent la douleur.

On dit que l'ambre permet de calmer les douleurs dues aux poussées dentaires. Cependant le port du collier étant très dangereux pour le bébé, nous vous le déconseillons.

Les premières dents arrivent aux alentours de 6 mois en moyenne, mais le travail dentaire et la douleur peuvent commencer plusieurs semaines auparavant. Votre enfant aura toutes ses dents de lait aux environs de 3 ans.

POUX

Votre enfant se grattouille la tête et pas seulement quand il réfléchit ? La chasse aux poux est lancée !

Les poux mesurent de 1 à 4 mm et sont de couleur foncée (gris, marron, noir).
Si vous les voyez grouiller, banco mais l'infestation est aussi décelable par la présence de lentes, leurs œufs. Le pou accroche sa lente à la racine des cheveux. La lente est ovale, blanche et transparente et mesure moins d'1 mm. Elle éclot au bout d'une semaine. Une lente blanche qui se situe loin de la racine est une lente morte.
Contrairement à une idée reçue, les poux ne volent pas et ne sautent pas.

La contagion est extrême puisqu'il suffit aux enfants de jouer tête contre tête, d'échanger bonnet ou écharpe pour se les transmettre... Vérifiez d'ailleurs les têtes de toute la famille !

Prévenez l'école de votre enfant (de manière discrète pour ne pas le mettre mal à l'aise) afin d'éviter la prolifération et voyez ce que l'on vous dit.

Plus vous agissez vite, moins les poux ont le temps de s'installer ! Il faut compter une quinzaine de jours de vigilance pour les exterminer.

Utilisez un shampoing anti-poux (pédiculicides) qui détruit également les lentes. Respectez la posologie indiquée par votre pharmacien, car une simple application n'est pas suffisante.
En général, il faut recommencer l'application une semaine après.

Certains shampoings pédiculicides sont contre-indiqués chez l'enfant de moins de 30 mois et la femme enceinte. Demandez conseil à votre pharmacien.

Passez la chevelure mouillée au peigne fin afin d'éliminer les lentes, à chaque shampoing pendant une semaine.
Lavez tout le linge en contact avec la tête de l'enfant (serviettes, draps, peluches, vêtements, etc.) à plus de 60 °C.
Nettoyez scrupuleusement les peignes et brosses de toute la famille avec du shampoing anti-poux.
En complément, utilisez des shampoings à base d'écorce de saule qui aident à prévenir et à éliminer les poux. Leur utilisation isolée ne suffit pas à éliminer les poux radicalement.

GRATTE !
GRATTE !
GRATTE !

On parle de plus en plus d'une technique qui consiste à étouffer les poux et les lentes avec de l'huile. Enduisez la chevelure d'huile d'olive et laissez reposer deux heures sous une charlotte de douche. Lavez comme d'habitude et recommencez à nouveau la semaine suivante.

Les poux n'aiment pas l'odeur de la lavande. Une goutte d'huile essentielle de lavande sur le col des habits est un bon répulsif.
Attachez les cheveux longs.
Faites régulièrement l'état des lieux de la chevelure.

Le grattage intempestif peut entraîner des croûtes et des infections du cuir chevelu. Surveillez bien l'état de celui-ci et nettoyer les lésions avec une solution désinfectante type *Biseptine*.

PSORIASIS

Voilà une maladie de peau difficile à vivre, surtout pour les petits.

La peau de votre enfant présente des plaques rouges recouvertes de pellicules de peau blanche qui se détache (les squames). Ça peut le démanger.
Il peut y avoir un prurit* important, c'est-à-dire de fortes démangeaisons.
Le psoriasis peut prendre différentes formes chez un même patient.
Il peut être très invalidant s'il se trouve sur le visage, les mains ou une partie très visible du corps.
Il s'agit d'une maladie inflammatoire chronique de la peau.
Un enfant dont un parent souffre de psoriasis est plus sensible à la maladie.
Ses origines sont mal connues, mais cette maladie semble être déclenchée par une infection ORL ou par un choc émotionnel.

Demandez son opinion à votre médecin, il vous orientera si besoin vers un dermatologue pour une prise en charge de ce psoriasis.

Le psoriasis n'est pas contagieux. Il faut le faire savoir, car votre enfant risque de souffrir du rejet des autres.

Un psoriasis est une maladie chronique ce qui signifie qu'elle ne guérit pas et qu'elle évolue par cycles de crise et de rémission.

Il existe différents traitements (traitements locaux, oraux, photothérapie...) à combiner éventuellement. Un dermatologue choisira les méthodes les plus adaptées au psoriasis de votre enfant.

Un psoriasis peut être très mal vécu par l'enfant en raison de son aspect. Il peut perdre confiance en lui et se refermer sur lui-même. C'est pourquoi il est important de le soutenir et de prendre en charge correctement cette affection. Parlez aux personnes qui s'occupent de votre enfant de ce problème afin qu'elles agissent également en conséquence.

Les crèmes hydratantes à appliquer sur peau encore mouillée peuvent réduire les démangeaisons et améliorer l'état des plaques, demandez l'avis du dermatologue.
Ne laissez pas votre enfant gratter ses plaques.
Les cures thermales permettraient un espacement des crises et un meilleur renouvellement cutané.

Observez ce qui déclenche la poussée afin de limiter son apparition.
Le stress favoriserait les poussées. Essayez de maintenir votre enfant dans un environnement aussi serein que possible.
Faites très attention au soleil et protégez la peau de votre enfant. De courtes expositions régulières (avec une protection FPS15) seraient cependant bénéfiques.

Le psoriasis touche environ 5 % de la population française et il apparaît dans 15 % des cas avant 10 ans.

PUCE (PIQÛRE DE)

Et oui, en plus de se régaler en piquant les chiens et les chats, les puces apprécient aussi les petits humains.

Votre enfant présente plusieurs boutons rouges et bien ronds dans une même zone et cela le démange beaucoup.

Nettoyez à l'eau et au savon ou bien au gel antibactérien.
Désinfectez avec un antiseptique doux.

Les boutons disparaissent en une semaine environ au maximum.

Une crème hydro-cortisone peut aider à soulager les démangeaisons, demandez son avis à votre pharmacien.

Le vinaigre est réputé pour calmer les démangeaisons, appliquez-le avec un coton deux fois par jour.

Traitez les animaux de la famille (chiens et chats) contre les puces. Les colliers et poudres vendus en pharmacie fonctionnent très bien. Si vous possédez des animaux, prenez soin de bien aspirer les tapis et les canapés pour éviter que les puces ne s'y installent.

Légendes des pictos

Description du bobo ou de la maladie

À faire tout de suite/ d'urgence

Consulter un médecin

Contagion

Garder à la maison ?

Guérison

Remèdes pharmaceutiques/ médicaux

Remèdes complémentaires alternatifs

Prévention

Attention !

R

REFLUX CHEZ LE NOURRISSON

Certes vous allez devoir faire tourner beaucoup de machines, mais le reflux n'est absolument pas grave.

Après son repas, votre bébé régurgite. Le lait remonte tout seul, il ne s'agit pas de vomissements.
Il s'agit d'un reflux gastro-œsophagien (RGO) lié à une immaturité du système digestif de l'enfant.
Le reflux peut aussi se faire plus discret et entraîner une toux répétitive ou des otites.

La première chose à faire est de ne pas vous inquiéter. Les reflux sont physiologiques*. Il s'agit de quelque chose de fréquent et de bénin.
Essayer un lait épaissi (anti-régurgitation) ou ajoutez dans son lait des épaississants (*Gumilk*, *Magic Mix*...) et voyez s'il régurgite moins.

Signalez-le au médecin lors de votre prochaine visite.

Le reflux disparaît dans 80 % des cas à l'âge où l'enfant se tient debout.

Une noisette de gel de *Polysilane* ou du *Gaviscon* donné après le repas peut éviter l'inconfort de l'acidité du reflux.
Le *Motilium* n'a pas d'indication, mais en cas de reflux sévère, on peut se tourner vers le *Primperan* qui accélère la vidange gastrique.
Des médicaments contrôlant l'acidité de l'estomac (*Inexium*, *Mopral*...) sont indiqués en cas de reflux sévère, d'infections ORL à répétition ou de malaises attribués au reflux.

Faites manger votre enfant dans une atmosphère sereine.
Prenez le temps de faire des pauses pendant le biberon.
Veillez à ce que la tétine du biberon ait un débit adapté à la succion de votre enfant.
Ne serrez pas trop l'élastique de sa couche.

La position allongée le buste relevé à 30° pendant le sommeil n'a pas apporté la preuve de son efficacité.

RHINITE

Voir « Rhume », ci-contre.

RHINITE ALLERGIQUE

Sortez les mouchoirs en papier, vous allez en avoir besoin !

Votre enfant souffre d'un rhume avec écoulement nasal liquide. Le nez gratte, il éternue.
Une conjonctivite qui fait pleurer votre enfant est associée.
L'eczéma et l'asthme peuvent venir compléter le tableau (voir « Allergies respiratoires », page 15).
La rhinite allergique est une réaction de l'organisme à une exposition à un allergène (acariens, poils d'animaux, moisissure, etc.). Si l'allergène en question est un pollen, voir « Rhume des foins », page 132.
S'il y a des antécédents d'allergies dans la famille, l'enfant a plus de chance de développer une rhinite allergique.

Éloignez l'enfant de la source d'allergie et lavez-lui les mains s'il a caressé un chien par exemple.

Consultez rapidement afin de soulager votre enfant, les rhinites allergiques sont usantes pour l'organisme qui se défend sans cesse.
Consultez en urgence si l'allergie entraîne une gêne intense pour respirer ou si le visage se met à gonfler.

Une fois l'exposition à l'allergène terminée, l'enfant se remet rapidement. Cependant, de nombreuses personnes cumulent les allergies et certaines souffrent durant plusieurs mois.

Les antihistaminiques sont indiqués (*Polaramine*, *Aerius*...) pour soulager ces allergies.

Un traitement de désensibilisation peut être envisagé avec un allergologue selon le type d'allergie. Demandez conseil à votre médecin.
Donnez une douche à votre enfant après les expositions aux allergènes (contact avec un chien, jeu dans une grange poussiéreuse...).
Si votre enfant est allergique aux acariens, changez ses draps toutes les semaines et aérez scrupuleusement sa chambre chaque jour. De même, le ménage doit y être effectué soigneusement.
La fumée de cigarette est un facteur aggravant, n'exposez pas votre enfant au tabagisme passif.

RHUME

Aussi appelé rhinopharyngite aiguë ou nasopharyngite aiguë ou rhinite, tout le monde connaît le rhume. À vos mouchoirs (en papier) !

Le nez de votre enfant coule.
Votre enfant renifle, tousse et éternue.
Il est fiévreux, entre 38 et 39 °C.
Il est plus fatigué qu'à l'accoutumée.
Le rhume est une inflammation des fosses nasales d'origine virale.

Ce n'est pas nécessaire sauf si le rhume dure plus d'1 semaine.

Il s'agit d'un mal d'origine virale donc oui, le rhume est contagieux.
Pour éviter la contagion, privilégiez l'usage des mouchoirs en papier jetables. Les mouchoirs en tissu représentent un merveilleux habitat pour les virus*.
Apprenez à votre enfant à mettre la main devant la bouche quand il tousse, car les virus se transmettent notamment par la salive et les voies aériennes.
Aérez chaque jour toutes les pièces de votre maison pendant cinq minutes pour assainir l'atmosphère, même (et surtout) en hiver, période propice aux virus.

Le rhume peut être très fatigant. Si vous voyez que votre enfant en ressent le besoin, gardez-le au chaud.

La sagesse populaire dit : « un rhume mal soigné passe en 8 jours, un rhume bien soigné dure une semaine ». C'est vrai !

On ne peut lutter contre le rhume en lui-même, on peut juste lutter contre les symptômes.
Si votre enfant a de la fièvre, administrez-lui du paracétamol (*Doliprane*, *Dafalgan*, *Efferalgan*...).
Mouchez votre enfant régulièrement et lavez-lui le nez avec du sérum physiologique ou des sprays d'eau de mer jusqu'à 6 fois par jour si besoin. Pour les bébés, effectuez les lavages de nez avant les repas et les couchers. Surveillez particulièrement le nez des bébés qui ne savent pas encore respirer par la bouche (avant 3-5 mois). Utilisez le mouche-bébé si besoin.
Un antiseptique local en spray nasal comme le *Prorhinel* peut le soulager.

Si le nez de votre enfant est irrité, appliquez de la crème type *Homéoplasmine*.

Humidifiez l'air de la chambre de votre enfant avec un humidificateur ou une coupelle d'eau posée sur le radiateur (sauf sur les radiateurs électriques).

Préparez-lui une boisson décongestionnante avec de l'eau chaude, le jus d'un demi-citron et du miel (sauf chez le bébé de moins d'1 an en raison du risque de botulisme*).

Chez l'enfant qui est capable de les faire, les inhalations permettent de fluidifier les sécrétions et de « vider » le nez. Certains produits sont réservés aux enfants de plus de 12 ans, lisez attentivement la notice ou remplacez le produit par quelques feuilles de thym.

Le rhume s'installe bien souvent chez un sujet déjà fatigué. En hiver, organisez une cure de vitamines pour toute la famille et consommez des agrumes.

Les antibiotiques ne peuvent rien faire contre un rhume puisque celui-ci est d'origine virale.

Chez le bébé, le rhume peut être le point de départ d'une otite ou d'une bronchite par exemple. Surveillez l'état de votre enfant et consultez le médecin en cas d'aggravation.

200 virus sont susceptibles de provoquer un rhume, ça laisse rêveur...

RHUME DE HANCHE

Cette infection assez impressionnante touche l'enfant de plus de 3 ans et de moins de 10 ans.

Votre enfant se met à boiter subitement ou refuse de marcher à cause de la douleur.

Il se plaint de douleurs à la hanche jusqu'au genou d'un côté ou parfois des deux côtés.

Un petit rhume peut accompagner les autres symptômes.

Il s'agit d'une inflammation articulaire dont l'origine n'a pas encore été définie.

Il faut impérativement consulter un médecin pour confirmer qu'il s'agit d'un rhume de hanche et pas d'une autre affection.

Gardez l'enfant au repos, allongé, à domicile durant une semaine.

Les symptômes disparaissent en une semaine.

Il faut attendre que cela passe. Pour les douleurs, on peut donner du paracétamol (*Doliprane*, *Efferalgan*...) ou de l'ibuprofène (*Advil*...).

Le rhume de hanche touche plus de garçons que de filles.

RHUME DES FOINS

Voilà le printemps : atchoum !

Et voilà un gros rhume avec un écoulement nasal liquide et clair. Le nez gratte.
Une conjonctivite qui fait pleurer votre en fant est associée.
L'eczéma et l'asthme peuvent venir compléter le tableau (voir « Allergies respiratoires », page 15).
Le rhume des foins est une réaction de l'organisme à une exposition à un allergène, le pollen. Voilà pourquoi le rhume des foins sévit au printemps et en été.
S'il y a des antécédents d'allergies dans la famille, l'enfant a plus de chance de développer un rhume des foins.

Éloignez l'enfant de la source d'allergie.

Consultez rapidement afin de soulager votre enfant, les rhumes des foins sont usants pour l'organisme qui se défend sans cesse.
Consultez en urgence si l'allergie entraîne une gêne intense pour respirer ou si le visage se met à gonfler.

Une fois l'exposition à l'allergène terminée, l'enfant se remet rapidement. Cependant, de nombreuses personnes cumulent les allergies aux pollens et certaines souffrent durant plusieurs mois.

Les antihistaminiques sont tout indiqués (*Polaramine*, *Aerius*...) pour soulager ces allergies.

Un traitement de désensibilisation peut être envisagé avec un allergologue selon le type d'allergie. Demandez conseil à votre médecin.

Donnez une douche à votre enfant après les expositions aux allergènes (randonnée au printemps, repas sous un arbre…).
En période de rhume, aérez la maison en ouvrant les fenêtres en journée, car l'air est plus chargé en pollens le soir.
Lors des vacances, préférez la mer et la montagne où les pollens sont moins présents.
La fumée de cigarette est un facteur aggravant, n'exposez pas votre enfant au tabagisme passif.

Retrouvez la météo des pollens qui vous indique quel pollen est en train de sévir sur www.pollens.fr

RONFLEMENTS

Et non, il n'y a pas que les papas qui ronflent !

Votre enfant ronfle ou respire de manière forte durant son sommeil.
Quelque chose obstrue le passage de l'air entre le nez et les poumons.
Le sommeil de votre enfant est de mauvaise qualité. Il se réveille avec des maux de tête et fait parfois pipi au lit.
Il ne faut pas prendre ces ronflements à la légère, car ils peuvent signifier que votre enfant fait des apnées du sommeil (arrêt de la respiration pendant au moins 5 secondes).

Si votre enfant ronfle chaque nuit ou fait des apnées du sommeil, il faut consulter rapidement.
Il est impératif de signaler les ronflements lors des visites de routine.

Une opération des amygdales peut être proposée si elles sont à l'origine de l'obstruction.

Les enfants de parents fumeurs ronflent deux fois plus que ceux dont les parents ne fument pas. Ne fumez pas dans la maison.
La sécheresse de l'air peut favoriser les ronflements. Installez un humidificateur si besoin.

Un rhume peut entraîner des ronflements sans que cela soit inquiétant.

ROSÉOLE

Aussi connue sous le nom de « sixième maladie », la roséole touche surtout les enfants âgés de 6 mois à 2-3 ans.

Votre enfant a une température élevée (plus de 39 °C).
Il présente des ganglions derrière la nuque.
Une légère pharyngite (voir page 116) peut être associée.
Au bout de 3 jours, alors que la température baisse, des petits boutons roses apparaissent au niveau du cou, des bras et du tronc.
Il s'agit d'une maladie virale bénigne.

Prenez un rendez-vous dans la journée. Si d'autres symptômes apparaissent ensuite, tenez votre médecin au courant.

La roséole est peu contagieuse. L'enfant n'est plus contagieux après l'apparition des boutons.

Gardez votre enfant au calme. On conseille l'éviction des collectivités durant 5 jours pour éviter la transmission du virus mais cela n'a rien d'obligatoire.

La roséole dure une petite semaine. Les boutons disparaissent en 48 heures.

Vous pouvez donner du paracétamol (*Doliprane*, *Dafalgan*, *Efferalgan*...) pour le confort de votre enfant.

La forte fièvre liée à la roséole peut entraîner des convulsions (voir « Convulsions fébriles », page 43).

Donnez à boire régulièrement.
Essayez de faire baisser la fièvre (voir « Fièvre », page 63).

On ne peut avoir la roséole qu'une seule fois.

ROUGEOLE

Elle est également appelée la « première maladie ».

Votre enfant a une fièvre élevée (plus de 39 °C).
Son nez coule, il a une toux sèche.

Il a les yeux gonflés et larmoyants.
Il peut avoir mal au ventre, des vomissements, la diarrhée, un faible appétit.
Des plaques rouges avec des boutons apparaissent sur le visage, derrière les oreilles, dans le cou. Elles vont s'étendre sur le reste du corps en quelques jours.
La rougeole est une infection virale.

Le plus vite possible si vous suspectez une rougeole.
Rendez-vous aux urgences si le malade est un bébé de moins de 1 an ou un enfant immunodéprimé.

Il y a de véritables épidémies, car le virus se transmet très facilement par microgouttelettes dans l'air et par les sécrétions du nez ou de la gorge.
L'enfant est contagieux quelques jours avant l'éruption cutanée. La contagion devient minime (mais toujours présente) à partir du 2e jour suivant le début de l'éruption.

Il faut du repos ! Votre enfant ne sera pas admis en collectivité pendant les 5 jours qui suivent de début de l'éruption.

Les plaques rouges disparaissent en une semaine.

Il n'existe pas de traitement pour soigner la rougeole en elle-même, mais on peut essayer de soulager l'enfant de l'inconfort des symptômes.
Vous pouvez donner du paracétamol (*Doliprane*, *Dafalgan*, *Efferalgan*...) si votre enfant ne supporte pas bien la fièvre.

La rougeole est une maladie dangereuse pour les femmes enceintes.

Laissez votre enfant au repos et au calme.
Faites le boire régulièrement par petites quantités.

La vaccination contre la rougeole est fortement préconisée pour les enfants à partir de 1 an, ou dès 9 mois s'ils sont gardés en collectivité. Elle se fait en même temps que le vaccin contre les oreillons et la rubéole (ROR). Elle a pour but d'éviter les complications telles que l'encéphalite* qui peut avoir de graves conséquences.

On ne peut avoir la rougeole qu'une fois dans sa vie.
La rougeole est une infection virale.

RUBÉOLE

Très rare de nos jours, la rubéole est une maladie bénigne pour l'enfant qui la contracte le plus souvent entre 5 et 9 ans.

La maladie commence par des maux de tête et une fièvre modérée (38 °C).
Elle peut s'accompagner d'une pharyngite, d'une conjonctivite, de courbatures et de ganglions dans le cou.
Une éruption cutanée (petits boutons roses et plats) apparaît dans les 48 heures. Elle débute sur le visage et s'étend en quelques heures à tout le corps.
Il s'agit d'une maladie virale.

Vérifiez le carnet de santé de votre enfant pour voir s'il a été vacciné contre la rubéole et contactez votre médecin pour avis.

La rubéole est contagieuse par les sécrétions rhino-pharyngées et les larmes. Le malade peut la transmettre une semaine avant l'éruption et deux semaines après.

La vaccination protégeant les enfants, l'éviction des collectivités n'est pas nécessaire. En cas de rubéole, il est impératif de prévenir le personnel de la collectivité et les parents pour prendre les mesures nécessaires.

Il n'existe pas de traitement spécifique.
Il s'agit simplement de prendre en charge la fièvre et les douleurs en administrant du paracétamol (*Doliprane*, *Efferalgan*...).

La rubéole peut provoquer des malformations du fœtus, si la femme enceinte la contracte en début de grossesse. Si vous êtes enceinte, que vous n'êtes pas immunisée contre la rubéole (une sérologie est effectuée en début de grossesse) et que vous avez été en contact avec une personne malade, il est impératif de consulter en urgence.

Il existe un vaccin contre la rubéole, il est administré en même temps que celui de la rougeole et des oreillons (ROR). On conseille de le faire vers l'âge d'1 an, ou dès 9 mois si l'enfant va en crèche.
Il est conseillé de vacciner les jeunes filles non immunisées à la puberté.

On ne peut contracter la rubéole qu'une fois dans sa vie.

S

SAIGNEMENT DE NEZ

Les saignements de nez sont fréquents chez l'enfant. Impressionnant parfois par la quantité de sang, ils nécessitent avant tout du calme pour être enrayés.

Votre enfant se met à saigner du nez sans raison ou après un choc physique.

Faites asseoir votre enfant.
Mettez la tête de votre enfant vers l'avant et non vers l'arrière, car le sang va alors couler dans la gorge.
Demandez à l'enfant de se moucher doucement pour évacuer les caillots de sang qui entretiennent le saignement.
Pincez légèrement la narine avec vos doigts durant 5 minutes pour stopper l'écoulement de sang.

Si le saignement se poursuit au-delà d'une demi-heure et s'il est accompagné de maux de tête ou de malaise, conduisez votre enfant chez le médecin.

Il existe des mèches coagulantes (*Coalgan*) disponibles en pharmacie et adaptées aux saignements de nez, à mettre dans la narine à la place des compresses. À avoir sous la main si votre enfant est coutumier du fait.

Appliquez une poche de froid ou des glaçons dans un linge sur le nez, car le froid diminue le flux sanguin en contractant les vaisseaux.
Rassurez votre enfant et restez calme, le stress favorise les saignements de nez.

Un enfant qui saigne beaucoup du nez a peut-être un petit souci et éventuellement un vaisseau sanguin à cautériser dans le nez. Demandez conseil à votre médecin et prenez éventuellement rendez-vous avec un ORL.

Epistaxis, c'est le nom savant du saignement de nez !

SCARLATINE

Elle est également appelée « deuxième maladie » ou « fièvre écarlate » et sévit par épidémie durant l'hiver. Elle touche surtout les enfants de 5 à 10 ans.

Votre enfant a mal à la gorge (angine) ou au ventre de manière soudaine et a une fièvre élevée (plus de 39 °C) avec des frissons. Vous sentez des ganglions dans le cou, sous sa mâchoire.
Sa langue présente une couleur blanche puis va devenir rouge et granuleuse comme une framboise.
Il ressent une grande fatigue générale.
Son cœur bat plus vite.
Une éruption cutanée rouge apparaît au niveau de la poitrine et des plis de flexion au bout d'1 ou 2 jours, la peau est granuleuse, chaude et sèche. L'éruption va s'étendre au reste du corps (sauf plante des pieds et paume des mains).
Son visage peut présenter un aspect gonflé.
La maladie s'accompagne parfois de vomissements.
Il s'agit d'une maladie infectieuse due à un streptocoque.

Consultez un médecin, il vous prescrira le traitement approprié et suivra l'évolution de la maladie.
La scarlatine peut avoir des complications rares. Si vous constatez que les urines de votre enfant foncent, qu'il a des douleurs dans les articulations, un œdème, qu'il a mal aux oreilles et qu'il a du mal à respirer, consultez en urgence. Idem si la fièvre dure plus d'une semaine alors que votre enfant est sous traitement.

Elle se transmet par voie aérienne (postillons, éternuements...) et est donc très contagieuse. De plus, les malades sont contaminants avant l'apparition des symptômes ! Si un enfant de la maison est touché, les autres risquent de suivre...

Votre enfant a besoin de repos et il est contagieux. Gardez-le près de vous le temps que les médicaments agissent et qu'il récupère de sa fatigue intense.

Les boutons et la fièvre vont disparaître en une semaine et la peau va peler en grands lambeaux les semaines suivantes.

Votre médecin prescrira un traitement antibiotique. Prenez soin de le suivre jusqu'au bout.

Si le mal de gorge est difficile à supporter, vous pouvez lui administrer du paracétamol (*Doliprane*, *Dafalgan*, *Efferalgan*...) ou un sirop à visée anti-inflammatoire (*Maxilase*) qui a cependant peu d'effet en pratique.
Les démangeaisons ne sont pas constantes. Pour les calmer, il peut prendre un sirop antihistaminique (*Polaramine*...).

Faites bien boire votre enfant.
Adaptez son alimentation à son mal de gorge. Proposez-lui des compotes, des purées, des soupes...

SCOLIOSE

Même si les médecins y sont très attentifs, surveillez le dos de votre enfant, la scoliose nécessite une prise en charge et un suivi particulier.

Vous remarquez une déformation de la colonne vertébrale dans le dos de votre enfant, vous sentez une bosse lorsqu'il se penche vers l'avant.
La scoliose n'est pas douloureuse.
En général, les scolioses sont le plus souvent détectées à l'approche de l'adolescence mais elles peuvent survenir dès la petite enfance.
Les filles sont plus touchées.
Il s'agit d'une déformation de la colonne vertébrale en trois dimensions dont il existe différentes formes qui entraîne la torsion d'une ou plusieurs vertèbres sur elles-mêmes.

Si vous suspectez une scoliose, consultez rapidement votre médecin.

Votre enfant devra peut-être porter un corset (traitement orthopédique). L'opération peut être nécessaire dans certains cas.
Une prise en charge avec un kinésithérapeute sera très certainement envisagée en complément de traitement.

Il ne faut pas la confondre avec l'attitude scoliotique, c'est-à-dire un enfant qui se tient mal, qui peut être corrigée par une musculation spécifique et la correction de certaines attitudes posturales.
Le risque d'une scoliose qui s'aggrave n'est pas seulement esthétique, des répercussions sur le plan respiratoire sont envisageables.

Le sport n'est pas interdit, au contraire. Il permettra de renforcer la musculature du dos de votre enfant.

Entre les rendez-vous de routine chez le médecin, observez régulièrement le dos de votre enfant en le faisant se pencher en avant pour détecter d'éventuelles déformations.

Scoliose vient du grec *skolios* qui signifie « tortueux ».

SERPENT

Voir « Vipère (morsure de) », page 157.

SINUSITE

Elle concerne l'enfant de plus de 6 ans.

Le nez coule (d'un ou des deux côtés). La morve est épaisse et verdâtre.
La zone autour du nez, des yeux ou des sourcils est douloureuse surtout si l'enfant penche la tête vers l'avant.
La fièvre est élevée (39 °C).
La sinusite peut s'accompagner de maux de tête et de toux nocturnes grasses.

Il s'agit d'une inflammation de la muqueuse des sinus qui arrive en général après un rhume ou une bronchite.
Si une fièvre élevée accompagne la sinusite, consultez rapidement.
Si la sinusite et ses symptômes continuent plus d'une semaine, consultez rapidement.

Une sinusite peut être très fatigante, mieux vaut laisser votre enfant se reposer.

Vous pouvez donner du paracétamol pour la fièvre et la douleur (*Doliprane*, *Dafalgan*...).
S'il s'agit d'une infection bactérienne, le médecin prescrira les antibiotiques adaptés.

Soignez l'hygiène du nez de votre enfant. Faites-le se moucher régulièrement et effectuez des lavages avec un spray nasal à l'eau de mer (*Stérimar*, *Soft Mer*...).

Les inhalations à l'huile essentielle de thym à thujanol permettent de décongestionner le nez. Vérifiez que le produit que vous allez utiliser est adapté à l'âge de votre enfant.

Humidifiez l'air de la chambre de votre enfant à l'aide d'un humidificateur si besoin.

Chez le nourrisson, il existe une forme particulière de sinusite : l'ethmoïdite. Elle se manifeste par un gonflement du bord interne de l'œil et une fièvre élevée. Il faut consulter en urgence.

STRABISME

Peu esthétique et parfois complexant pour l'enfant, le strabisme est surtout dangereux pour sa vision à long terme.

Votre enfant de plus de 3 mois a un œil ou les deux qui regardent vers le nez (dans la plupart des cas).

Il est impératif de prendre en charge le strabisme rapidement afin d'éviter les atteintes de la vision.
Si votre enfant se met à loucher tout d'un coup alors qu'il n'avait jamais eu de souci à ce niveau-là, consultez en urgence.

Le traitement consiste à porter un cache sur un œil afin de faire travailler l'œil qui est le plus paresseux ou bien à porter des lunettes afin de corriger la vue.
Dans certains cas, la rééducation avec un orthoptiste ou une opération chirurgicale peuvent être nécessaires.

Les nourrissons louchent parfois, car leur vue n'est pas encore optimale. Rien d'inquiétant si votre enfant louche avant 3 mois. Signalez-le tout de même à votre pédiatre pour qu'il suive l'évolution.
Si un des parents louche, l'enfant a davantage de risques de loucher lui aussi.

PRENDRE LA TEMPÉRATURE POUR LES NULS

T

TEMPÉRATURE CORPORELLE BASSE

En général, on craint qu'elle ne soit trop élevée mais là, elle est trop basse...

Votre enfant a une température corporelle inférieure à 36,5 °C.
Cette hypothermie peut être due à un simple refroidissement ou à une infection.
Les nourrissons sont particulièrement exposés, car ils régulent mal leur température corporelle.

Couvrez-le un peu plus, enveloppez-le dans une couverture. S'il s'agit d'un nourrisson, couvrez sa tête avec un petit bonnet en coton.
Proposez-lui une boisson chaude.
S'il s'agit d'un bébé, pratiquez le « peau à peau ». Déshabillez-le et installez-le contre votre torse nu, puis couvrez-le chaudement. Le corps de ses parents est la meilleure des bouillottes !

Si votre enfant a une température inférieure à 35 °C, rendez-vous aux urgences.
Un nourrisson de moins de 3 mois qui a une température basse et un comportement inhabituel (perte d'appétit, manque de réactivité...) ou un teint très pâle doit voir un médecin en urgence.

Un enfant de moins d'1 an ne doit pas dormir dans une pièce non chauffée durant la saison froide. La température idéale d'une chambre est de 19 °C.

La prise de température la plus fiable se fait par voie rectale (l'anus). Appliquez un peu de Vaseline avant la prise de température. Si vous prenez la température sous l'aisselle, ajoutez 0,5 °C. Dans la bouche (sous la langue), ajoutez 0,5 °C et prenez-la à distance (au moins 15 minutes) de la prise d'une boisson chaude ou froide pour ne pas la fausser. Il existe des thermomètres qui prennent la température sur le front, dans l'oreille ou sur la tempe. Reportez-vous à leur notice.

TÊTE (MAL DE)

Maman, Papa, j'ai mal à la tête...

En cas de mal de tête, il faut trouver la cause ou déterminer les symptômes associés pour savoir comment agir. S'il a reçu un coup sur la tête, s'il a peu dormi, s'il a de la fièvre, voilà déjà des pistes.

Proposez à l'enfant de s'allonger un peu.
Faites-lui boire un verre d'eau. Un mal de tête peut traduire une légère déshydratation.

Si les maux de tête sont fréquents, prévoyez une consultation afin d'établir leur cause et de mettre en place le traitement adapté.
Consultez en urgence si les maux de tête arrivent brutalement et de manière très intense ou si la douleur est associée à une raideur de la nuque, à des vomissements et de la fièvre.

Vous pouvez donner du paracétamol en première intention pour soulager la douleur.

Regarder la télévision ou jouer à un jeu vidéo de manière prolongée peut entraîner des maux de tête. Limitez les heures passées devant l'écran.

TÊTE PLATE

Cette pathologie appelée plagiocéphalie positionnelle est très visible et détectable facilement les premiers mois du bébé. Tant mieux, elle est temporaire si vous suivez bien les conseils donnés.

La tête de votre bébé présente un aspect plat sur l'arrière ou sur les côtés.
Si on détecte une tête plate dès la naissance, une radio sera prescrite pour écarter d'autres pathologies.
Dans un tiers des cas, l'origine est un torticolis congénital qui fait que l'enfant garde la tête dans la même position.

Prenez conseil auprès de votre médecin lors d'une consultation.
Si votre enfant ne tourne pas la tête de manière symétrique et semble être bloqué d'un côté, consultez rapidement.

Si vous appliquez les conseils positionnels donnés, l'aplatissement devrait s'estomper progressivement en quelques mois.

Si votre enfant garde la tête du même côté ou si vous constatez qu'il a un côté préféré, stimulez-le pour qu'il tourne la tête à l'opposé. Dans son lit, accrochez des jouets ou un mobile du côté délaissé, appelez-le pour attirer son regard... Placez le lit de manière à ce que la lumière qui vient de la fenêtre arrive du côté à stimuler. Rusez !
Prenez rendez-vous chez un kinésithérapeute pour trouver une solution à son torticolis congénital.
Si votre enfant dort dans une position qui risque d'accentuer l'aplatissement, tournez-lui la tête d'un côté ou de l'autre en alternant.
Habituez votre enfant à jouer sur le ventre dès qu'il commence à maintenir sa tête afin d'éviter les appuis.
Utilisez le cosy ou la coque de transport seulement pour les voyages, car ils sont en matériaux durs qui accentuent l'appui sur la tête.
L'intervention d'un ostéopathe fait débat... Demandez conseil sur le sujet à votre médecin.

On conseille aux mamans d'alterner les positions de la tête du bébé pendant le sommeil dès la naissance pour prévenir les déformations.

Après l'âge de 18 mois, la déformation du crâne s'installera de manière irréversible car les sutures se seront soudées définitivement.

Les mesures posturales appliquées dès les premiers mois permettent une correction optimale de la tête plate. Ne laissez pas traîner si vous avez un doute.

TIQUE (MORSURE DE)

En revenant de promenade, vous vous rendez compte que votre enfant a rapporté un passager clandestin : une tique !

La tique est noire et mesure seulement quelques millimètres.
Elle a mordu votre enfant et se retrouve donc accrochée à lui, la tête enfouie sous la peau pour se nourrir de son sang.

N'appliquez pas d'éther ou de produits chimiques pour endormir la tique comme on le faisait anciennement.
Agissez rapidement pour limiter les risques de transmission de bactéries*.

Retirez la tique avec une pince à épiler (ou mieux, une pince à tique, vendue en pharmacie) en tirant fermement mais doucement pour ne pas arracher la tête.
Prenez soin de ne pas entrer en contact avec le sang de la tique.
Si vous ne réussissez pas à tout enlever et que la tête reste enfouie, n'insistez pas. Cela n'est pas dangereux.
Appliquez un antiseptique pour nettoyer la zone.
La zone peut être rouge durant 24 heures, ne vous inquiétez pas.

C'est inutile sauf dans les conditions décrites ci-dessous, mais signalez la morsure à votre médecin lors de la prochaine visite.

Les tiques transmettent la maladie de Lyme. Surveillez votre enfant les semaines suivantes et consultez en cas de fatigue, de lésion cutanée, d'apparition de ganglions gonflés, de symptômes grippaux ou de courbatures inexpliquées.

Si vous avez des chiens ou des chats, traitez-les contre les tiques.
Habillez votre enfant avec des vêtements couvrant les jambes et les bras. De couleur claire pour repérer les tiques.
Vérifiez le corps et le cuir chevelu de votre enfant après les promenades en campagne ou en forêt.

TORTICOLIS

Aïe, ça coince au niveau du cou…

Votre enfant a une raideur dans le cou et la nuque. Il ne peut pas tourner la tête d'un côté
Le torticolis peut avoir plusieurs origines, il est important de déterminer sa cause :
– douleur musculaire après un cours de sport ;
– douleur infectieuse en même temps qu'une affection ORL ;
– douleur traumatique après un choc ;
– signe de scoliose (voir « Scoliose », page 139) ;
– douleur congénitale chez le nourrisson.

Mettre le cou au chaud avec un foulard en soie, sauf chez le bébé (risque d'étranglement).

Si vous ne trouvez pas d'origine à ce torticolis ou s'il est accompagné de maux de tête, consultez en urgence.
Un torticolis après une chute ou un choc violent doit vous amener à consulter en urgence pour rechercher une luxation ou une fracture.
Si vous remarquez que votre nourrisson a du mal à tourner la tête, signalez-le en consultation.
En cas de torticolis récidivants, signalez-le à votre médecin.

Un torticolis musculaire doit disparaître sous 24 heures.

Administrez du paracétamol (*Doliprane*, *Efferalgan*, *Dafalgan*...) pour soulager la douleur.

Vous pouvez appliquer une petite bouillotte chaude enroulée dans une serviette de toilette pour détendre les muscles.

TOUX

La toux est le symptôme de nombreuses maladies.

Il y a différentes sortes de toux, car elles ont de nombreuses causes.
En cas de rhinite (voir « Rhume », page 129), de bronchite (voir page 30) ou parfois de bronchiolite (voir page 29), la toux est grasse.
La toux sèche peut signifier une rhinite allergique (voir page 128) ou un reflux (voir page 129).
La toux rauque (qui ressemble à un aboiement de petit chien) caractérise la laryngite (voir page 97).
Une toux sifflante peut être le signe d'asthme (voir page 23).
La coqueluche (voir page 44) se traduit par une toux sèche par quinte.
Si votre enfant se met à tousser brutalement et qu'il n'arrive pas à reprendre sa respiration, il peut être en train de s'étouffer et il faut vite désobstruer ses voies aériennes et appeler le Samu (15 ou 112).
Il y a encore bien d'autres maladies qui sont accompagnées de toux : les pneumonies, les trachéites (voir page 150), la tuberculose, les allergies respiratoires (voir page 15).
Il est important de mettre en relation la toux avec d'autres symptômes pour savoir à quoi elle est due et ainsi la soigner.

Si votre bébé de moins de 3 mois tousse et saute deux à trois biberons, il faut consulter en urgence.
Consultez le plus rapidement possible si la toux est accompagnée d'une difficulté à respirer (les ailes de son nez s'ouvrent, sa respiration entraîne un creux au niveau du sternum*).
Si la toux entraîne des vomissements et que votre enfant a du mal à s'alimenter.

Il existe un nombre important de sirops contre la toux. Dans un premier temps, voyez comment évolue la toux de votre enfant. Au bout de quelques jours et si elle ne s'améliore pas, prenez conseil auprès de votre pharmacien ou consultez le médecin. Il est impératif de le faire, car les recommandations ont beaucoup évolué ces derniers temps en ce qui concerne l'usage de sirop dans le traitement de la toux chez l'enfant. Ceux-ci sont rarement efficaces, voire dangereux.

Les sirops antitussifs et autres fluidifiants sont contre-indiqués chez l'enfant de moins de 2 ans. La toux est un réflexe naturel et indispensable qui permet à l'organisme de drainer les voies respiratoires. Ces médicaments n'ont pas prouvé leur efficacité et peuvent empirer la situation.
Les antitussifs opiacés sont contre-indiqués chez l'enfant de moins de 30 mois.
Prenez garde également aux sirops homéopathiques. L'*Hélicidine* par exemple est contre-indiqué chez l'enfant de moins de 2 ans.

Surélevez le haut du corps de votre enfant avec un oreiller de plus lorsqu'il dort.
Si le nez de votre enfant est pris, soignez son hygiène en le mouchant ou en lui pratiquant des nettoyages de nez autant de fois que nécessaire avec du sérum physiologique ou des sprays d'eau de mer (*Physiomer*, *Sterimar*, *Mercurochrome*...).
Donnez à boire plus qu'à l'accoutumée surtout chez le nourrisson.
Vous pouvez donner du miel dans de l'eau chaude ou seul pour adoucir la gorge, mais pas chez les bébés de moins d'1 an en raison du risque de botulisme*.

Le tabagisme passif est néfaste pour votre enfant. Ne fumez pas en sa présence et évitez de fumer dans la maison même dans les pièces où il ne dort pas.
La température idéale de sa chambre est de 19 °C.
Aérez chaque pièce de la maison 5 minutes par jour, même (et surtout) en hiver.
Si l'atmosphère est sèche, installez un humidificateur ou une coupelle d'eau sur le radiateur (sauf radiateur électrique !).

TRACHÉITE

Encore une maladie apportée par l'hiver... Vivement le printemps !

Votre enfant tousse beaucoup. Sa toux est sèche, irritative et douloureuse. La douleur peut descendre dans le thorax.
Sa voix prend une teinte plus rauque.
Une température élevée peut venir compléter le tableau.
Il s'agit d'une inflammation de la muqueuse de la trachée.
La trachéite peut être d'origine virale ou bactérienne, mais elle peut également être causée par l'inhalation de poussières, de substances toxiques, de tabac, de fumée...

Consultez afin de définir l'origine de la trachéite et de voir s'il n'y a pas d'affections associées.

Si elle est d'origine virale, la trachéite est contagieuse.

La trachéite fatigue notamment parce qu'elle fait beaucoup tousser. Gardez votre enfant au lit s'il en ressent le besoin.

Si la trachéite est virale, il faut attendre qu'elle passe seule. Sinon, le médecin prescrira un traitement antihistaminique, antibiotique et éventuellement un anti-inflammatoire.

Faites boire régulièrement des petites gorgées d'eau pour hydrater la trachée.
Si votre enfant est en âge de ne pas les avaler tout rond, faites-lui sucer des bonbons au miel qui adouciront sa gorge.
Conseillez-lui de tousser le moins possible afin d'enrayer l'irritation.
Proposez-lui des aliments lisses (purées, compotes...) et des boissons chaudes (soupes, tisanes...) afin de soulager la douleur. Donnez-lui une cuillerée de miel avant le coucher (sauf pour les moins de 1 an) et avant le brossage des dents.
Protégez la gorge de votre enfant avec une écharpe en soie, sauf pour les bébés afin de ne pas risquer un étranglement.

L'inhalation de fumée de tabac même passive favorise les trachéites. Abstenez-vous de fumer en présence de votre enfant ou dans la maison.
Installez un humidificateur dans la chambre si l'air y est sec.

La trachéite accompagne souvent une autre maladie ORL comme le rhume, la laryngite ou la bronchite.

TRANSPORTS

Voir « Mal des transports », page 97.

TRAUMATISME CRÂNIEN

Le plus souvent bénin, le traumatisme crânien est très fréquent chez l'enfant. Un seul mot d'ordre : surveillance.

Votre enfant est tombé sur la tête ou s'est cogné violemment.
Sa tête présente un bleu, une bosse ou une déformation mais il peut également n'y avoir aucun signe extérieur du choc.
Un traumatisme crânien doit vous inciter à la vigilance dans les heures et les jours suivants.

Immobilisez la tête de l'enfant et ne lui faites pas faire de rotation. Maintenez-la avec une main de chaque côté du visage.
Voir « Hématome », page 82.

Il est impératif de ne pas bouger la victime et d'appeler le Samu (15 ou 112) dans les cas suivants :
– L'enfant a subi une perte de connaissance tout de suite après l'accident ou à distance.
– Il saigne du nez ou de l'oreille.
– Le crâne présente une plaie de laquelle s'échappe du liquide transparent.
– Votre enfant a la nausée ou vomit.
– Il a des pertes d'équilibre.
– Il a des somnolences anormales.
– Il souffre de maux de tête.
– Il a des pertes de mémoire.
– Le crâne présente une plaie qu'il faut recoudre.

Un traumatisme crânien peut entraîner des troubles neurologiques, moteurs ou sensitifs. Votre vigilance est donc capitale pour détecter toute modification chez votre enfant dans les 72 heures suivant le choc.

Si votre enfant pratique un sport qui comprend des risques de chutes (ski, vélo, rollers, skateboard...), imposez-lui le port du casque.

Légendes des pictos

Description du bobo ou de la maladie

À faire tout de suite/ d'urgence

Consulter un médecin

Contagion

Garder à la maison ?

Guérison

Remèdes pharmaceutiques/ médicaux

Remèdes complémentaires alternatifs

Prévention

Attention !

V

VARICELLE

Ça commence par un bouton, puis deux, puis trois, puis...

Les boutons, c'est effectivement ce qui, en général, met la puce à l'oreille, mais la varicelle peut se signaler au préalable par une fatigue générale, une toux, une fièvre...
Les boutons débutent habituellement derrière les oreilles et sur le cuir chevelu puis peuvent être présents sur tout le corps et parfois dans la bouche. Ils vont se gonfler de liquide et former des vésicules* significatives de la maladie. Ils vont ensuite sécher et former des croûtes qui vont tomber.
Si votre enfant a été en contact avec un enfant qui a eu la varicelle dans les 15 jours précédents, vous avez votre diagnostic !

Il est effectivement nécessaire de confirmer votre diagnostic, de le notifier dans le carnet de santé et, au besoin, de bénéficier d'une prescription médicale.

La varicelle est l'une des maladies infantiles les plus contagieuses. L'enfant porteur est contagieux 3 jours avant et jusqu'à 1 semaine après l'apparition des croûtes.
La contagion se fait par contact direct ou par gouttelettes de salive dans l'air. L'incubation dure entre 8 et 15 jours.

Si votre enfant en ressent le besoin, gardez-le au maximum tranquillement à la maison, car le repos est essentiel dans la guérison de la varicelle.
L'isolement n'est pas nécessaire, mais certaines collectivités exigent une éviction et un certificat de non-contagiosité au retour de l'enfant.
Attention à l'entourage familial si l'un des adultes de la maison n'a pas eu la varicelle.

Un enfant se remet de la varicelle en 7 à 15 jours.

Le médecin va vous prescrire du paracétamol (*Doliprane*, *Efferalgan*...) pour la fièvre et les douleurs, un sirop antihistaminique (*Polaramine*...) pour les démangeaisons et une solution désinfectante pour les boutons (*Biseptine*...) afin d'éviter l'infection et de les assécher.

Ne donnez surtout pas d'anti-inflammatoires non-stéroïdiens (*Advil*, *Nureflex*) qui risquent d'entraîner une surinfection.

Coupez les ongles le plus court possible et lavez souvent les mains de l'enfant afin d'éviter les infections et les marques indélébiles des boutons « arrachés ».

Pour limiter les zones de grattouille, faites porter à l'enfant des habits larges en coton qui recouvrent le maximum de peau.

Ne donnez pas de bain prolongé, car il faut laisser la peau sécher. Mieux vaut laver votre enfant rapidement sous une douche tiède au savon antiseptique.

N'exposez pas les cicatrices fraîches de varicelle au soleil au risque de les colorer définitivement.

Votre enfant a peu de chance d'y échapper. Dans 90 % des cas, il l'attrapera avant ses 10 ans et c'est tant mieux, car la varicelle se montre beaucoup plus virulente chez les adultes, voire dangereuse chez l'adulte immunodéprimé ou la femme enceinte.

En Angleterre ou aux États-Unis, certains organisent des *Chicken Pox Parties* (littéralement : « fêtes de la Varicelle ») autour d'un enfant malade afin d'exposer ceux qui n'ont pas encore été touchés de manière « naturelle » et d'éviter la vaccination.

Le vaccin existe, mais n'est actuellement pas recommandé comme vaccin de routine en France.

On ne peut avoir la varicelle qu'une seule fois. Cependant, un bébé allaité dont la maman a déjà eu la varicelle peut la développer de manière légère pendant l'allaitement et l'avoir à nouveau plus tard.

VENTRE (MAL DE)

C'est l'un des maux le plus souvent ressenti par nos petits.

La plupart des douleurs au ventre sont dites « fonctionnelles » et ne relèvent pas de pathologies sérieuses. Cherchez la cause ou les symptômes associés à ces maux. Il peut s'agir de constipation (voir page 42), de gastro-entérite (voir page 71), diarrhée (voir page 53), intoxication alimentaire (voir page 89), indigestion (voir page 84), appendicite (voir page 22), etc.

Consultez en urgence si votre enfant vomit de la bile (vert) ou du sang, si les douleurs le réveillent la nuit, si les douleurs intenses sont éloignées du nombril, s'il y a du sang dans ses selles ou si vous constatez une altération de son état général.
Si les maux reviennent régulièrement, consultez votre médecin rapidement.

Les maux de ventre sont sans doute la raison invoquée le plus souvent par nos enfants pour rester à la maison au lieu d'aller à l'école. À vous qui connaissez bien votre enfant de voir comment réagir face à ces douleurs.

Vous pouvez commencer par donner un antispasmodique (*Spasfon*) ou du paracétamol pour soulager les douleurs.

Chez certains enfants, le stress peut engendrer des maux de ventre (avant d'aller à l'école, avant un contrôle...). Si vous remarquez cela, parlez de ce qui l'inquiète à votre enfant et essayez de trouver des solutions pour qu'il puisse vivre ces situations angoissantes de manière plus sereine.

Une bouillotte d'eau chaude enroulée dans une serviette éponge (attention à la température !) peut soulager certains maux de ventre.

VER SOLITAIRE (TAENIA)

Voilà un passager clandestin peu sympathique qu'il faut mettre dehors au plus vite !

Vous retrouvez des anneaux blancs comparables à des nouilles dans les selles de votre enfant, dans ses sous-vêtements ou dans sa literie.
Il peut avoir des troubles de l'appétit, des maux de ventre ou la diarrhée.
Le ver solitaire peut rendre irritable.
Ce parasite vit dans l'intestin.

Le traitement du ver solitaire nécessite une prescription médicale. Consultez votre médecin rapidement.

La transmission ne se fait pas d'humain à humain.

Une prise unique de vermicide (*Trédémine*) suffit à faire disparaître le taenia par les selles.

L'ail cru connu pour ses vertus antiseptiques peut être utilisé en attendant le traitement vermicide.
En revanche, contrairement à ce que l'on entend parfois, l'alcool ne suffit pas à tuer le taenia et peut surtout être très dangereux pour votre enfant.

En France, le ver solitaire s'attrape en mangeant de la viande de bœuf ou de porc mal cuite. Achetez de la viande dont vous êtes sûre du bon suivi vétérinaire et cuisez-la correctement.

Un ver solitaire mesure jusqu'à 10 mètres, impressionnant !

VERRUE

Bien souvent, elle s'installe sous le pied et pour longtemps. Une verrue, c'est têtu !

La peau présente une excroissance ronde, un peu surélevée, assez dure. La couleur est semblable à la couleur de la peau ou bien jaunâtre ou encore marron ou gris. Elle peut présenter des points noirs.
Les verrues sont souvent localisées sur la main ou le pied, mais on peut en trouver sur tout le corps.
Les verrues sont des excroissances de peau, tumeurs cutanées bénignes sans danger. Elles sont le résultat de l'infection de la peau par un virus (papillomavirus).

Il vaut mieux demander l'avis de votre médecin. Il pourra confirmer qu'il s'agit bien d'une verrue et vous prescrire le traitement approprié. Il vous enverra éventuellement chez un dermatologue.

La verrue provient d'un virus*, la contagion est donc possible. Il est important de bien nettoyer les surfaces humides de la maison comme la baignoire ou le sol de la salle de bains pour éviter la transmission des verrues plantaires.
Une verrue peut en entraîner d'autres par « auto-contagion ».
Couvrez la verrue d'un pansement afin d'éviter la contagion.

Sans traitement, les verrues chez l'enfant disparaissent dans les deux ans.
Les récidives sont fréquentes, malheureusement.

Dans certains cas, il faut brûler la verrue à l'azote liquide (- 196 °C) chez le dermatologue. Elle est ainsi tuée par le froid.
Il existe une multitude de traitements locaux en vente sans ordonnance en pharmacie. Toutefois, il vaut mieux consulter le médecin avant de faire son shopping !

La chélidoine, également appelée « herbe aux verrues », aurait des propriétés bénéfiques dans la lutte contre les verrues. Le liquide jaune que contient sa tige est à appliquer quotidiennement sur la verrue. Cependant faites attention, cette plante est considérée comme toxique et il ne faut surtout pas l'ingérer. Effectuez vous-même l'application et lavez-vous soigneusement les mains au savon ensuite. Aucune étude n'a prouvé l'efficacité de la chélidoine.
Le lait provenant de tige de fenouil sauvage frais permettrait de faire disparaître les verrues. Il faut cependant attendre le printemps !
Parmi les remèdes de grand-mère préconisés, en voilà un facile à appliquer. L'enfant doit tous les matins et tous les soirs parler à sa verrue ! Avant de se coucher et au réveil, il doit lui dire des phrases en lui signifiant qu'il ne veut pas d'elle : « verrue, va t'en » ou « je ne veux pas de toi sur mon corps », par exemple. Le facteur psychologique aurait en effet une grande part dans la disparition des verrues.

Lors des visites à la piscine ou dans les vestiaires de centres sportifs, évitez de marcher pieds nus. Il est important de bien se rincer et de se sécher soigneusement les pieds car le virus aime l'humidité.
Recommandez à votre enfant de ne pas partager le linge de toilettes des autres.

Il ne faut surtout pas gratter ou faire saigner la verrue au risque de provoquer une infection et des cicatrices indélébiles.

Une faiblesse du système immunitaire peut expliquer une sensibilité accrue aux verrues.

VIPÈRE (MORSURE DE)

Lors d'une balade en campagne, votre enfant a été mordu par un serpent, une vipère, très certainement. Il faut garder son sang-froid et faire vite pour une prise en charge optimale.

Une morsure de vipère laisse deux petits points espacés de quelques millimètres.
Lorsqu'elle mord, la vipère peut inoculer un venin qui a une action toxique sur la coagulation du sang et sur le système nerveux.

Appelez le Samu (15 ou 112) pour un transport médicalisé vers l'hôpital le plus proche.
Allongez l'enfant au calme car l'agitation entraîne une diffusion plus rapide du venin.
Enlevez les bagues, montre et autres bracelets de l'enfant mordu en prévision d'un œdème.
Désinfectez la plaie avec de l'eau et du savon de Marseille et un antiseptique local.
Appliquez de la glace autour de la morsure pour éviter la propagation du venin et calmer la douleur.
Ne faites pas de garrot.

Il faut vous rendre à l'hôpital d'urgence !

Si l'enfant a mal, donnez-lui du paracétamol (mais pas d'aspirine).
Suivant l'évolution et l'apparition d'un œdème, les traitements varient. Il peut d'agir d'une simple prise d'antibiotiques ou éventuellement d'un traitement antivenimeux. L'hospitalisation est souvent nécessaire pour une surveillance d'au moins 24 heures.

Lors des promenades, habillez votre enfant avec des vêtements fermés et protégez les pieds et les chevilles avec des chaussures montantes ou des chaussettes hautes.
Si votre chemin croise un serpent, laissez-le faire sa vie de son côté !

Les pompes à venin n'ont pas prouvé leur efficacité. Leur utilisation n'est donc pas indiquée.

VOMISSEMENTS

Les vomissements peuvent avoir plusieurs origines, nous vous proposons donc une fiche un peu modifiée pour faire un petit tour, non exhaustif, de la question.

Votre enfant vomit, il rejette soudainement le contenu de son estomac par la bouche.

Il s'agit de déterminer la cause et d'agir ensuite :
Il a une gastro-entérite et éventuellement la diarrhée (voir « Gastro-entérite », page 71).
Il est victime d'une indigestion, d'une intoxication alimentaire ou d'une allergie alimentaire (voir page 13).
Il est victime d'une intoxication par les plantes, les médicaments, les produits ménagers... Appelez tout de suite un centre antipoison (voir liste, page 168) en donnant le maximum de détails possible.
Il vomit en voiture (voir « Mal des transports », page 97).
Des maladies comme la bronchiolite, l'angine ou la méningite peuvent entraîner des vomissements.
Il peut s'agir d'une cause chirurgicale (occlusion...).
Il a subi un traumatisme crânien dans les jours précédents (voir « Traumatisme crânien », page 151).
Il est important de mettre en relation les vomissements avec d'autres symptômes afin de trouver leur cause. De nombreuses autres maladies peuvent occasionner des vomissements, n'hésitez pas à appeler votre médecin si besoin.

Rendez-vous aux urgences :
– si les vomissements concernent un nourrisson de moins de 3 mois ;
– si votre enfant vomit du sang ;
– si votre enfant vomit de la bile ou des matières fécales ;
– si les douleurs sont très violentes ;
– si vous le trouvez apathique ou qu'il a un comportement anormal ;
– si vous suspectez une appendicite ;
– si votre enfant se plaint de maux de tête, d'une raideur de la nuque et qu'il présente des petites taches rouges sur le corps.
Prenez un rendez-vous dans la journée chez votre médecin :
– si les vomissements sont nombreux dans la journée et ne se calment pas au bout de 72 heures ;
– si vous n'avez aucune idée de la provenance des vomissements.

Les vomissements peuvent entraîner une déshydratation (voir page 52).

Modifiez l'alimentation de votre enfant. Proposez-lui des petites quantités et faites-le boire régulièrement.

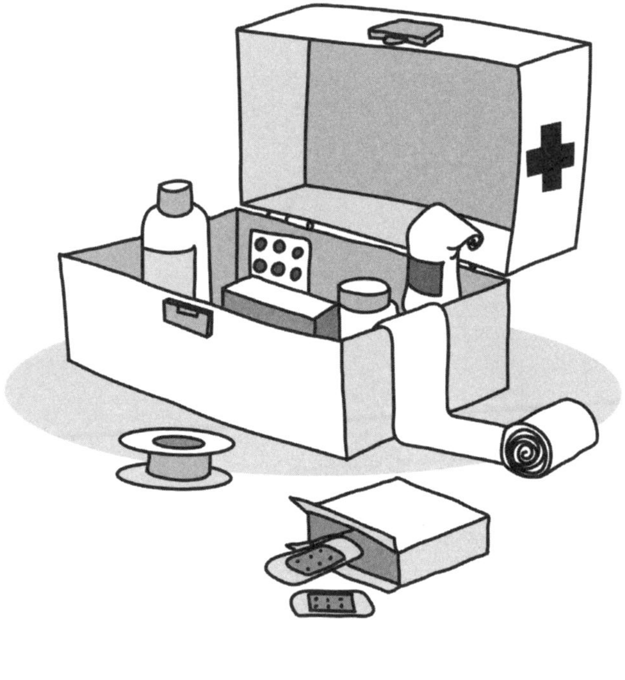

Annexes

Conseils complémentaires 162

Conseils pour une bonne hygiène bucco-dentaire 164

La trousse à pharmacie de la maison 166

Les numéros à avoir sous la main 168

Le sac pour aller aux urgences 170

Les vaccins 171

La fiche santé 174

Les recettes 183

- Liniment oléo-calcaire crémeux pour parents petits chimistes 184
- Liniment oléo-calcaire plus que facile 186
- Baume à lèvres pour bisous tout doux 187
- Petit grog pour enfant flagada 188
- Inhalation spéciale nez rouge 189
- Tisane gros dodo 190
- Bain de pieds relax Max 191
- Bain pour fille (ou garçon) à la vanille 192
- « Lait » d'avoine maison 193

Glossaire 195

Conseils complémentaires

Voici quelques conseils pour vous faciliter la vie. Règles de vie ou d'hygiène, voilà des habitudes à prendre pour le bien-être de chacun.

- Avant d'effectuer les soins sur votre enfant, lavez-vous soigneusement les mains à l'eau claire et au savon. Si vous êtes loin d'un point d'eau, une solution hydro-alcoolique pourra faire l'affaire.
- Lorsque vous devez utiliser une compresse ou un pansement, faites-le avec les mains propres en prenant soin de toucher le minimum de surface.
- Lorsque vous utilisez une pince à épiler ou une aiguille pour retirer un corps étranger, désinfectez-les avec de l'alcool avant toute opération.
- Apprenez à votre enfant à mettre sa main devant sa bouche quand il tousse dès son plus jeune âge afin d'éviter les contagions.
- Apprenez-lui à se laver les mains avant chaque repas et après chaque retour à la maison en revenant de sortie ou de l'école par exemple.
- Utilisez des mouchoirs jetables en papier pour toute la famille.
- Aérez quotidiennement chaque pièce de la maison pour renouveler l'atmosphère.
- Ne fumez pas dans la maison où vit votre enfant et protégez-le du tabagisme passif.
- Faites vivre votre famille à 19 °C : ni trop chaud, ni trop froid !
- Ayez toujours au congélateur un sac de petits pois surgelés. Pas pour les manger, non, mais pour l'appliquer sur les bleus, bosses ou autres entorses. Le sac épouse facilement la forme du corps et s'applique aisément. Réservez cette poche aux bobos et ne la cuisinez pas, car les petits pois risquent de décongeler et de ne plus être propres à la consommation.
- Pour peser votre enfant, pesez-vous. Puis pesez-vous avec lui dans les bras. Faites la soustraction des deux chiffres et vous serez renseigné !

- Si vous laissez votre enfant en garde à quelqu'un, pensez à lui confier le carnet de santé. Si vous vous absentez plusieurs jours ou assez loin, rédigez un papier qui donne à cette personne le droit de prendre les décisions nécessaires (autorisation d'opération, de réanimation...) en ce qui concerne la santé de votre progéniture.
- Si votre médecin prescrit des antibiotiques, il est très important de suivre l'ordonnance à la lettre et de ne pas arrêter le traitement en cours.
- Concernant le sommeil des bébés, voilà quelques règles à suivre qui permettent de prévenir au mieux la mort subite du nourrisson : couchez-le dans une turbulette (aussi appelée gigoteuse) sur le dos dans une pièce chauffée à 18-19 °C. N'utilisez pas d'oreiller ou de couette et assurez-vous que votre literie est conforme aux exigences de sécurité. Ne laissez pas de peluches dans le lit. Ne l'exposez pas à la fumée de cigarette.

➔ LE CARNET DE SANTÉ

Il s'agit de l'historique de la santé de votre enfant. Ce document est très important.

- Apportez-le à chaque visite chez le médecin.
- Apportez-le lors des visites aux urgences.
- Prenez en soin, couvrez-le car il doit servir tout au long de la vie de votre enfant.
- Lisez-le ! Le carnet de santé regorge de bons conseils et d'informations sur l'évolution de votre enfant. En cas de doute sur son alimentation lors de la diversification par exemple, il pourra vous être très utile.
- Pensez à le confier à la personne qui gardera votre enfant quelques jours.
- Mettez-le dans sa valise lorsqu'il part en colonie.
- Le carnet de santé n'est pas sacré ! Vous pouvez y ajouter vous-même des informations, notamment sur la taille de votre enfant ou son poids.

Conseils pour une bonne hygiène bucco-dentaire

L'Union Française pour la Santé Bucco-Dentaire préconise 4 grandes règles pour une bonne hygiène :

- Une visite régulière annuelle chez un chirurgien-dentiste. Il s'agit de faire le point sur l'état des dents de votre enfant, de lui prescrire des traitements et de recevoir les conseils du dentiste pour un bon entretien de sa santé bucco-dentaire. Suivez les recommandations de votre dentiste concernant la fréquence des visites, elles dépendent de l'état des dents de votre enfant.
- Un brossage des dents dans les règles de l'art avec un dentifrice fluoré (adapté à l'âge de l'enfant). Il doit durer 3 minutes (une éternité pour un enfant !), vous pouvez par exemple diffuser une musique de cette durée et lui demander de ne s'arrêter qu'à la fin. Le brossage doit s'effectuer avec une brosse à dents à poils souples pour ne pas blesser les gencives. Cette brosse à dents doit être en bon état. Changez-la tous les trois mois au minimum ou plus souvent si vous la trouvez abîmée.
- Une prise de fluor adaptée à l'âge de l'enfant et à son état bucco-dentaire.
- Une alimentation équilibrée.

Quelques conseils en plus :

- Apprenez très vite à votre enfant qu'il a un seul capital dentaire et qu'il doit prendre soin de ses dents.
- Apprenez-lui à brosser ses dents. Commencez tous les soirs d'abord en lui proposant de vous imiter. Utilisez une brosse à dents adaptée à son âge sans dentifrice jusqu'à deux ans puis avec un dentifrice fluoré. Aidez-le en vous plaçant derrière lui et en guidant sa main. De 4 à 6 ans, passez à deux brossages après les repas principaux puis après chaque repas.
- Ne lui donnez pas de biberons de lait ou de jus de fruits ou encore d'eau sucrée pour faciliter son endormissement. Cette habitude est dévastatrice et hypothèque son capital dentaire.
- Limitez les sodas, boissons sucrées et autres friandises.
- Ne laissez pas votre enfant grignoter le soir après le lavage des dents.
- Si votre enfant n'a pas la possibilité de se laver les dents après chaque repas, il peut se rincer la bouche à l'eau ou mastiquer un chewing-gum sans sucre.
- Votre chirurgien-dentiste est votre meilleur allié. Écoutez ses conseils, ses prescriptions et ses indications pour des soins préventifs.

Pour plus de conseils, rendez-vous sur le site de l'Union Française pour la Santé Bucco-Dentaire (UFSBD) : www.ufsbd.fr

La trousse à pharmacie de la maison

Voici un petit inventaire de ce que vous devez avoir dans votre trousse à pharmacie pour parer aux petits maux les plus communs.

- Du paracétamol pour lutter contre la fièvre et les douleurs : *Doliprane, Dafalgan, Efferalgan...*
- Un antihistaminique contre les allergies : *Polaramine, Aerius...*
- Un antispasmodique pour faire face aux maux de ventre les plus courants : *Spasfon, Débridat...*
- Des solutés de réhydratation orale (SRO) : *Adiaril, Picolite, GES 45...*
- Un antiseptique doux pour désinfecter les plaies : *Biseptine, Diaseptyl, Chlorhexidine...*
- Une pommade à l'arnica à appliquer après les chocs, sans plaie : *Arnican, Arnigel, Arnica...*
- Une crème pour soigner les brûlures : *Biafine.*
- Du sérum physiologique.
- Des compresses stériles.
- Des pansements.
- Du sparadrap.
- Un thermomètre corporel.

Il est important de conserver les médicaments dans leur emballage d'origine avec leur notice.

Reportez-vous systématiquement à la notice avant de les administrer et demandez conseil à votre médecin ou à votre pharmacien en cas de doute.

Soyez particulièrement vigilant à l'âge minimum d'administration et au dosage indiqués.

N'utilisez jamais un médicament dont vous ne connaissez pas l'origine et n'appliquez pas un traitement donné pour une personne à une autre.

Chaque année, faites le tri dans votre pharmacie afin de vous débarrasser des médicaments périmés que vous rapporterez à la pharmacie.

Type de médicaments	Forme galénique	Doses
Paracétamol *Doliprane* *Efferalgan*	• Quelle que soit la forme utilisée • Sirop (avec pipette) • Suppositoires ou sachets	• 15 mg/kg/6 h • 1 dose kg/6 h (jusqu'à 26 kg) • 50 mg/6 h si bébé de 3-4 kg • 100 mg/6 h entre 5 et 8 kg • 150 mg/6 h entre 8 et 12 kg • 200 mg/6 h entre 12 et 16 kg • 300 mg/6 h entre 16 et 27 kg • 500 mg/6 h si plus de 27 kg
Soluté de réhydratation orale (SRO) *Adiaril* *GES 45*	Diluer un sachet de SRO dans 200 ml d'eau.	Proposez la solution à l'enfant par petites quantités d'environ 30 ml toutes les 20 minutes. Pas de limite d'âge. Souvent mal accepté après 18 mois en raison du goût salé de la solution.
Antihistaminiques *Polaramine* *Aérius*	• Sirop 0,01 % avec cuillère mesure • Comprimé (2 mg) • Sirop (0,5 mg/ml) • Comprimé (5 mg)	• 2,5 ml, 2-3 fois/j avant 30 mois • 5 ml, 2-3 fois/j de 30 mois à 10 ans • 10 ml, 2-3 fois/j après 10 ans • ½ cp, 3 fois/j entre 6 et 12 ans • 1 cp, 3 fois/j si plus de 12 ans • 2,5 ml, 1 fois/j de 1 à 5 ans • 5 ml, 1 fois/j de 6 à 11 ans • 10 ml, 1 fois/j si plus de 12 ans • ½ cp, 1 fois/j de 6 à 11 ans • 1cp, 1 fois/j si plus de 12 ans
Antispasmodique *Débridat* *Spasfon*	• Suspension buvable (avec pipette graduée) • Lyoc • Comprimé	• 1 dose kg/8 h chez l'enfant de moins de 6 ans • 1 cp, 2/j à laisser fondre dans la bouche ou à diluer dans de l'eau si plus de 6 ans • 1 cp, 2 fois/j à avaler si plus de 6 ans

Les numéros à avoir sous la main

Sur cette page, nous vous proposons de retrouver les numéros de téléphone des différents services médicaux dont vous pourriez avoir besoin. À vous de le compléter dès maintenant.

La bonne idée : vous pouvez photocopier cette page et l'afficher dans un endroit de vie de la maison (sur le réfrigérateur, au-dessus de votre bureau, sur un tableau blanc...) afin de l'avoir à portée de main en cas de nécessité.

Vous pouvez également en glisser un exemplaire dans le carnet de santé de vos enfants.

- Urgences médicales : **15** (Samu) ou **112** (numéro d'urgence européen). On vous demandera votre identité, votre adresse, votre numéro de téléphone et de décrire la situation de la personne malade.
- Pompiers : **18**
- Service d'urgences pédiatriques le plus proche de votre domicile : ....
- Votre pédiatre ou médecin référent : ....
- Votre pharmacie : ....
- Votre laboratoire d'analyses médicales : ....
- Votre cabinet de radiologie : ....

Les centres antipoison en France

Si le centre le plus proche de chez vous ne répond pas, n'hésitez pas à en contacter un autre.

Restez calme et donnez le maximum d'informations sur le produit ingéré, la quantité ingérée, l'heure à laquelle cela s'est passé, l'âge et le poids de l'enfant...

ANGERS : 02 41 48 21 21

BORDEAUX: 05 56 96 40 80

LILLE : 0 825 812 822 (0,15 € la minute)

LYON : 04 72 11 69 11

MARSEILLE : 04 91 75 25 25

NANCY : 03 83 32 36 36

PARIS : 01 40 05 48 48

RENNES : 02 99 59 22 22

STRASBOURG : 03 88 37 37 37

TOULOUSE : 05 61 77 74 47

Autres numéros utiles :

....

....

....

Le sac pour aller aux urgences

Certes, on part souvent aux urgences en urgence ; mais si l'urgence vous laisse 5 minutes, pensez à prendre :

- Le carnet de santé de votre enfant. Il répertorie son histoire médicale et les médecins vont en avoir besoin.
- La carte Vitale.
- La carte de mutuelle.
- Les papiers de l'enfant (carte d'identité, passeport ou livret de famille).
- Une bouteille d'eau.
- Des gâteaux ou de quoi grignoter car l'attente peut-être très longue. Prévoyez un repas pour votre enfant et demandez à l'accueil s'il doit ou non rester à jeun avant de lui donner à manger.
- Le doudou et la tétine pour les plus petits.
- De quoi occuper votre enfant : livres, console de jeu, poupée…
- De quoi vous occuper, vous : livre, magazines, console de jeu…
- Quelques pièces de monnaie, avec un peu de chance, la machine à café de l'étage fonctionnera.
- Votre chargeur de téléphone portable. En cas d'attente prolongée ou d'hospitalisation, il vous sera précieux.

Les vaccins

Voilà un chapitre qu'il ne faut pas négliger.

Nous vous proposons ici les recommandations générales pour des enfants en bonne santé sans particularités.

Il existe cependant d'autres vaccins comme ceux contre la tuberculose, la gastro-entérite à rotavirus, la grippe ou encore la bronchiolite qui peuvent vous être proposés par votre médecin selon le lieu où vous résidez, les différentes fragilités de votre enfant, son mode de garde, votre mode de vie, etc.

Il est difficile pour les parents de prendre la décision de faire vacciner son enfant ou non contre telle ou telle maladie. Prenez conseil autour de vous et prenez le temps d'en discuter avec le pédiatre de votre enfant, afin de peser le pour et le contre et de prendre votre décision de manière éclairée. Pas évident mais cela fait partie de votre rôle de parent.

Vaccinations recommandées chez les enfants et les adolescents en 2011 : recommandations générales.

	Naissance	2 mois	3 mois	4 mois	12 mois	16-18 mois
Diphtérie (D) Tétanos (T) Poliomyélite inactivé (Polio)		DT Polio	DT Polio	DT Polio		DT Polio
Coqueluche Accellulaire (Ca)		Ca	Ca	Ca		Ca
Haemophilus Influzae b (Hib)		Hib	Hib	Hib		Hib
Hépatite B (Hep B)		Hep B		Hep B		Hep B
Meningo-coque C (vaccin conjugué)					1 dose entre 12 mois et 2 ans	
Pneumo-coque (vaccin Pn conj)		Pn conj		Pn conj	Pn conj	2e dose entre 13 et 24 mois (entre 12 et 15 mois si collecti-vité)
Rougeole (R) Oreillons (O) Rubéole (R)					1re dose à 9 mois si collectivité	
Papillo-mavirus humain (HPV)					1re dose à 9 mois si collectivité	

	2 ans	6 ans	11-13 ans	14 ans	16-18 ans
Diphtérie (D) Tétanos (T) Poliomyélite inactivé (Polio)		DT Polio	DT Polio		DT Polio
Coqueluche Accellulaire (Ca)			Ca		
Haemophilus Influzae b (Hib)					
Hépatite B (Hep B)					
Meningo-coque C (vaccin conjugué)					
Pneumo-coque (vaccin Pn conj)	2e dose entre 13 et 24 mois (entre 12 et 15 mois si collectivité)				
Rougeole (R) Oreillons (O) Rubéole (R)					
Papillo-mavirus humain (HPV)				3 doses selon le schéma 0, 1 ou 2 mois (filles)	

Source : Ministère du Travail, de l'Emploi et de la Santé.

La fiche santé

Le carnet de santé est LA référence quand il s'agit de l'histoire de la santé de votre enfant. Si vous le connaissez bien et le pratiquez souvent, il peut cependant être un peu plus opaque pour les personnes chargées de garder votre enfant de manière ponctuelle.

Voilà pourquoi nous vous proposons ici une fiche à fournir à la baby-sitter qui va garder votre enfant pour la soirée, aux grands-parents qui vont prendre soin de leur petit-fils durant une semaine ou encore à la tata qui prend le relais pour le week-end.

Pour faciliter la vie de tout le monde notamment en cas de visite chez le médecin, accrochez cette fiche sur la couverture du carnet de santé avec un trombone. Cette fiche comprend notamment une autorisation de prise de décisions médicales si votre enfant part plusieurs jours loin de vous qui ne sera valable que si elle est remplie et signée par vos soins.

Nom : .... Prénom : ....

Né(e) le : ....

Numéro de Sécurité sociale : ....

Nom et numéro de téléphone de la personne à joindre en cas d'urgence :

....

Nom du médecin traitant : ....

Coordonnées : ....

....

Poids : .... Taille : ....

Groupe sanguin et rhésus : ....

Allergie(s) : ....

....

Aliments interdits : ....

....

Pathologie à signaler : ....

....

Traitement en cours :

Nom : ....fois par jour quantité : ....

Remarque complémentaire : ....

....

Autorisation de prise de décisions médicales :

Je soussigné ...., mère ou père de .... né(e) le ...., autorise .... à prendre les décisions concernant la santé de mon enfant durant la période du ...... au .... notamment d'accepter l'hospitalisation ou les opérations chirurgicales d'urgence si l'état de santé de mon enfant le nécessite.

Pour faire valoir ce que de droit.

Fait à .... le .... Signature :

Nom : .... Prénom : ....

Né(e) le : ....

Numéro de Sécurité sociale : ....

Nom et numéro de téléphone de la personne à joindre en cas d'urgence :

....

Nom du médecin traitant : ....

Coordonnées : ....

....

Poids : .... Taille : ....

Groupe sanguin et rhésus : ....

Allergie(s) : ....

....

Aliments interdits : ....

....

Pathologie à signaler : ....

....

Traitement en cours :

Nom : ....fois par jour quantité : ....

Remarque complémentaire : ....

....

Autorisation de prise de décisions médicales :

Je soussigné ...., mère ou père de .... né(e) le ...., autorise .... à prendre les décisions concernant la santé de mon enfant durant la période du .... au .... notamment d'accepter l'hospitalisation ou les opérations chirurgicales d'urgence si l'état de santé de mon enfant le nécessite.

Pour faire valoir ce que de droit.

Fait à .... le .... Signature :

Nom : .... Prénom : ....

Né(e) le : ....

Numéro de Sécurité sociale : ....

Nom et numéro de téléphone de la personne à joindre en cas d'urgence :

....

Nom du médecin traitant : ....

Coordonnées : ....

....

Poids : .... Taille : ....

Groupe sanguin et rhésus : ....

Allergie(s) : ....

....

Aliments interdits : ....

....

Pathologie à signaler : ....

....

Traitement en cours :

Nom : ....fois par jour quantité : ....

Remarque complémentaire : ....

....

Autorisation de prise de décisions médicales :

Je soussigné ...., mère ou père de .... né(e) le ...., autorise .... à prendre les décisions concernant la santé de mon enfant durant la période du .... au .... notamment d'accepter l'hospitalisation ou les opérations chirurgicales d'urgence si l'état de santé de mon enfant le nécessite.

Pour faire valoir ce que de droit.

Fait à .... le .... Signature :

Nom : .... Prénom : ....

Né(e) le : ....

Numéro de Sécurité sociale : ....

Nom et numéro de téléphone de la personne à joindre en cas d'urgence :

....

Nom du médecin traitant : ....

Coordonnées : ....

....

Poids : .... Taille : ....

Groupe sanguin et rhésus : ....

Allergie(s) : ....

....

Aliments interdits : ....

....

Pathologie à signaler : ....

....

Traitement en cours :

Nom : ....fois par jour quantité : ....

Remarque complémentaire : ....

....

Autorisation de prise de décisions médicales :

Je soussigné ...., mère ou père de .... né(e) le ...., autorise .... à prendre les décisions concernant la santé de mon enfant durant la période du ...... au .... notamment d'accepter l'hospitalisation ou les opérations chirurgicales d'urgence si l'état de santé de mon enfant le nécessite.

Pour faire valoir ce que de droit.

Fait à .... le .... Signature :

Les recettes

Voilà quelques recettes de crème, potions et autres petits remèdes à fabriquer vous-même. Très simples à réaliser, elles vous aideront à prévenir et guérir les petits maux de vos enfants et les vôtres !

Avant la première utilisation des crèmes ou des cosmétiques, prévoyez un test de tolérance en appliquant un peu de produit fini dans le pli du coude. Si, au bout de 24 h, aucune réaction (rougeur, boutons) n'apparaît, vous pouvez l'utiliser. Il s'agit d'une simple précaution à prendre pour tous les cosmétiques home-made.

Liniment oléo-calcaire crémeux pour parents petits chimistes

Le liniment oléo-calcaire est un mélange d'huile d'olive et d'eau de chaux (solution d'hydroxyde de calcium). Cette préparation crémeuse peut avoir de nombreuses utilisations :

- Utilisé sur un coton ou des lingettes lavables, le liniment permet de nettoyer les fesses du bébé en douceur. Il s'utilise sans rinçage pour garder les fesses douces en faisant barrière contre l'humidité !
- Doux pour la peau, le liniment peut s'utiliser pour débarbouiller les frimousses le matin ou après les repas.
- Grâce à sa formule riche en huile, le liniment est tout à fait adapté au massage des plus petits.
- Appliqué comme une crème après-soleil, le liniment hydrate et apaise les coups de soleil superficiels.
- Enfin, le liniment offre aux mamans un démaquillage tout en douceur. Il vous débarrasse même des mascaras waterproof les plus tenaces.

Pour un flacon de 100 ml :

- 50 cl d'huile végétale, de préférence de l'huile d'olive
- 50 cl d'eau de chaux (disponible en pharmacie)
- 2 g de cire d'abeille

Matériel nécessaire :

1 casserole assez large pour le bain-marie, 2 petits bols.

> Désinfectez tout le matériel à l'alcool.
> Versez l'eau de chaux dans un bol, l'huile et la cire dans l'autre bol.
> Faites chauffer le bain-marie. Lorsqu'il frémit, déposez le bol contenant l'eau de chaux.
> 2 minutes plus tard, disposez à côté le 2e bol (huile et cire).
> Remuez un peu pour aider la cire à fondre.
> Au bout de quelques minutes, la cire sera fondue et les 2 contenus à peu près à la même température (l'idéal est de contrôler avec une sonde, 70 ° maximum).
> Retirez les 2 bols du bain-marie et versez l'eau de chaux dans l'huile, par petits filets en mélangeant à l'aide d'un petit fouet.
> Mélangez pendant 3 minutes, puis placez le bol dans un fond d'eau froide en continuant de mélanger encore 3 minutes pour accélérer le refroidissement de l'émulsion.
> Mettre en flacon !

Pensez à secouer la bouteille avant toute application.

Réalisé dans de bonnes conditions d'hygiène, ce liniment se conserve au moins un mois.

Si vous trouvez cette recette un peu trop compliquée, reportez-vous à la recette suivante, plus simple, on ne peut pas !

Liniment oléo-calcaire plus que facile

Pour un flacon de 100 ml :

- 50 cl d'huile végétale, de préférence de l'huile d'olive bio
- 50 cl d'eau de chaux (disponible en pharmacie)

Mélangez les deux ingrédients dans une bouteille propre, secouez et voilà !

Préparez ce liniment en petite quantité, car il ne se conservera pas plus de 10 jours.

Baume à lèvres pour bisous tout doux

Avec le froid, le vent et l'humidité, les lèvres de vos enfants sont mises à rude épreuve. Ce petit baume protégera et hydratera en douceur la bouche des plus petits.

- 1 cuil. à café de cire d'abeille
- 1 cuil. à café de beurre de cacao
- 2 cuil. à café à café d'huile de noyau d'abricot
- ½ cuil. à café d'huile de carotte
- ½ cuil. à café d'huile de germe de blé

Mélangez tous les ingrédients dans un bol. Faites fondre le tout au bain-marie tout en remuant.

Versez le mélange dans une petite boîte lavée ou stérilisée auparavant et laissez refroidir avant utilisation.

Petit grog pour enfant flagada

À la douleur des maux de gorge s'ajoute la fatigue du corps qui combat les maladies. Voilà un petit grog qui fera du bien à la gorge et redonnera un peu d'énergie au petit malade.

Pour un grog :

- 1 demi-citron
- 1 demi-orange
- 1 grosse cuil. à café de miel

> Remplissez un mug d'eau chaude (pas bouillante, 80 °C suffisent).
> Mettez le jus pressé d'un demi-citron (à remplacer par une clémentine ou une mandarine si votre enfant n'aime pas l'acidité du citron).
> Ajoutez le jus pressé d'une demi-orange.
> Terminez en ajoutant le miel.

Servez chaud, mais testez d'abord la température vous-même en buvant une gorgée.

Ne donnez pas de miel aux enfants de moins de 1 an.

Inhalation spéciale nez rouge

Cette inhalation est à réaliser avec un enfant en âge de comprendre ce qu'il faut faire. Faites très attention aux risques d'ébouillantage et restez avec votre enfant pendant toute l'inhalation.

Pour une inhalation :

- 3 cuil. à soupe de camomille ordinaire (en pharmacie)

> Faites bouillir 1 litre d'eau.
> Jetez-y la camomille ordinaire.
> Versez le tout dans un inhalateur. Laissez votre enfant inhaler durant une dizaine de minutes. Si vous n'avez pas d'inhalateur, disposez le mélange dans un saladier, couvrez la tête de votre enfant avec une serviette et laissez-le inspirer la vapeur qui se dégage.

Tisane gros dodo

L'heure du coucher approche, votre enfant s'énerve ou s'inquiète, car il ne veut pas aller au lit. Instaurez un rituel avant le lavage des dents : faites-lui boire une tisane aux vertus apaisantes. Profitez de ce moment pour parler tranquillement avec lui de ce qui le tracasse et faites-en un rendez-vous quotidien à partager en toute intimité.

Pour une tisane :

- 1 grosse cuil. à café de verveine officinale
- 4 gouttes d'eau de fleur d'oranger
- 1 cuil. à café de miel

> Faites bouillir la verveine officinale dans une petite casserole d'eau ou bien infusez 1 tisane de verveine déjà prête.
> Remplissez 1 mug de cette préparation et ajoutez l'eau de fleur d'oranger.
> Terminez en ajoutant le miel (pas de miel pour les enfants de moins de 1 an).

Laissez à votre enfant le temps de boire sa potion magique tranquillement.

Bain de pieds relax Max

Si votre enfant est sportif ou qu'il cavale beaucoup, le bain de pieds peut lui apporter un vrai bien-être en toute simplicité. Il faut tout d'abord l'installer confortablement sur un siège à sa hauteur avec les pieds qui arrivent sans effort à tremper dans l'eau d'une bassine.

Pour un bain de pieds :

- ½ verre de bicarbonate de soude
- 1 giclée de shampooing

> Remplissez une bassine d'eau à 37 °C.
> Jetez dedans le bicarbonate de soude.
> Ajoutez le shampoing pour ramollir les chaires.
> Laissez votre enfant tremper ses pieds jusqu'à ce que l'eau refroidisse un peu et ajoutez à nouveau un peu d'eau chaude s'il souhaite prolonger cet instant de détente.

Prenez bien soin d'essuyer les pieds, surtout entre les doigts de pieds. C'est ensuite le meilleur moment pour s'attaquer à la coupe des ongles qui sont attendris par le bain prolongé.

Bain pour fille (ou garçon) à la vanille

Il s'agit d'une bonne manière de relaxer un enfant (de plus de 3 ans) qui a passé la journée à se dépenser. Un bon bain est idéal, aussi, après une longue marche en hiver et offrira un moment de détente et de calme à votre enfant.

Pour un bain :

- ½ cuil. à café d'huile de ricin
- 3 gouttes d'huile essentielle de vanille

> Remplissez la baignoire d'eau à 37 °C.
> Mélangez l'huile de ricin avec l'huile essentielle de vanille et ajoutez le tout à l'eau du bain.
> Laissez votre enfant tremper une dizaine de minutes.
> Ajoutez à nouveau de l'eau chaude pour retrouver les 37 °C.
> Laissez votre enfant finir sa trempette pendant 10 minutes.
> N'essuyez pas la peau, laissez-la sécher à l'air.

Avec les huiles essentielles, soyez prudents. Ne remplacez pas la vanille par une autre huile essentielle et respectez le dosage.

« Lait » d'avoine maison

L'avoine a des vertus apaisantes. Il va soulager les démangeaisons et calmer le feu de l'eczéma par exemple. À la fin du bain de votre enfant, terminez en le rinçant avec cette préparation aux flocons d'avoine.

Pour une préparation après le bain :

- 2 poignées de flocons d'avoine

> Mettez les flocons d'avoine dans 500 ml d'eau très chaude.
> Passez la mixture à la passoire pour ne conserver que le « lait ».
> Laissez tiédir le liquide blanchâtre.
> Faites-le couler sur les zones qui grattent ou qui piquent en pressant un gant de toilette imbibé.
> N'essuyez pas, laissez sécher à l'air.

Ce lait ne se conserve pas : recommencez la mixture à chaque bain.

Glossaire

Atopie

L'atopie caractérise un terrain génétique prédisposant à l'allergie. Certains enfants ont une peau sèche à tendance atopique qui peut aboutir à de l'eczéma, car la peau fragilisée devient perméable. Au toucher, la peau est extrêmement sèche et rugueuse, car elle manque de lipides. Elle peut aussi présenter des plaques rouges.

Bactérie

Constituée d'une seule cellule, la bactérie se trouve partout : dans l'air, dans l'eau, dans notre corps. Ces minuscules êtres vivants peuvent être très utiles au corps (elles participent notamment à la digestion) mais peuvent également provoquer des maladies.

Bilirubine

Pigment biliaire rougeâtre-jaune. Son accumulation anormale dans le sang et les tissus révèle un ictère (jaunisse) dont les causes peuvent être variées. On en parle couramment lors de la « jaunisse du nouveau-né ».

Botulisme infantile

Causé par une bactérie, le botulisme infantile est extrêmement rare et peut affecter les enfants de moins de 1 an. Le botulisme infantile peut entraîner notamment des paralysies ou une détresse respiratoire. Le miel peut être contaminé par la bactérie qui cause le botulisme, il est donc déconseillé d'en faire manger aux bébés de moins de 1 an.

Bronchospasme

Contraction spasmodique, intense et involontaire des muscles de la paroi des bronches qui empêche une bonne respiration, comme dans les cas d'asthme par exemple.

Encéphalite

Inflammation du cerveau qui peut être due à diverses causes (virus, parasite, bactérie...) et qui peut entraîner des séquelles neurologiques à long terme.

Glande sébacée

Glande épidermique (c'est-à-dire se trouvant dans la couche superficielle de la peau) qui est annexée aux poils ou aux cheveux. Sa mission est de produire le sébum, une substance qui lubrifie la peau et la protège.

Miction

Action d'uriner, de vidanger sa vessie, bref, de faire pipi !

Œdème de Quincke

Le visage (surtout autour de la bouche et la langue) gonfle rapidement sous l'effet d'un allergène. Les mains sont parfois touchées. Il faut se rendre aux urgences ou appeler le SAMU (15 ou 112) tout de suite si un enfant (ou même un adulte) déclare un œdème de Quincke.

Physiologique

Concerne tout se qui se rapporte à l'organisme.

Pneumopathie

Infection du tissu pulmonaire.

Position latérale de sécurité

Position dans laquelle il faut mettre une personne inconsciente pour dégager ses voies aériennes et lui permettre de respirer au mieux. Plus d'informations sur le site de la Protection civile : www.protectioncivile.org

Prurit

Symptôme très désagréable, le prurit est une très forte démangeaison.

Sébum

Substance qui lubrifie la peau et la protège.

Sphincters anaux

Muscles qui régulent la sortie des matières fécales.

Stomatite

Il s'agit d'une inflammation de la bouche.

Soluté de réhydratation orale (SRO)

Boisson à donner aux enfants de moins de 2 ans qui permet de compenser les pertes en eau, sel et potassium subies par le corps lors d'une gastroentérite, d'une diarrhée ou d'une déshydratation.

Sternum

Os plat de la cage thoracique sur lequel viennent s'attacher les côtes.

Vésicule

Type de bouton rempli de liquide comme dans le cas de la varicelle.

Virus

Agent infectieux pouvant toucher tous les organes du corps et être responsable de maladie. Les antibiotiques ne sont d'aucun effet sur les virus et sont donc inutiles – à la différence de leur action sur les bactéries. Les virus sont, le plus souvent, éliminés par les défenses du corps humain. Dans certains cas, il faut utiliser des médicaments spécifiques appelés anti-viraux.

Index

A

Abeille, voir « Guêpe (piqûre de) », 78

Acné, 11

Acné du nourrisson, 12

Allergie alimentaire, 13

Allergie au lait de vache, 14

Allergies respiratoires, 15

Ampoule, 16

Anémie, 18

Angine, 19

Anorexie, 20

Aoûtat (piqûre d'), 20

Aphte, 21

Appendicite aiguë, 22

Asthme, 23

B

BCGite, 25

Bleu, voir « Hématome », 82

Bosse, voir « Hématome », 82

Boulimie, 26

Boutons de chaleur, 26

Bouton de fièvre, 27

Bronchiolite, 29

Bronchite, 30

Brûlure, 32

C

Carie, 35
Cauchemar, 36
Chenille (piqûre de), 38
Chien, voir « Morsure de chien », 99
Colique du nourrisson, 39
Conjonctivite, 40
Constipation, 42
Convulsions fébriles, 43
Coqueluche, 44
Coup de soleil, 45
Coupure, 47
Crampe, 48
Croûtes de lait, 49
Cystite, voir « Infection urinaire », 85

D

Dent cassée, 51
Déshydratation, 52
Diarrhée, 53
Doigt coincé, 54

E

Écharde, 57
Eczéma, 58
Entorse, 59
Énurésie, voir « Pipi au lit », 117

Érythème fessier, 60
Étouffement, 62

F
Fesses rouges, voir « Érythème fessier », 60
Fièvre, 63
Fracture, 65
Frelon, voir « Guêpe (piqûre de) », 78
Furoncle, 67

G
Gale, 69
Ganglions, 70
Gastro-entérite, 71
Gingivite, 73
Gorge (mal de), 74
Grain de beauté (modification), 74
Griffure de chat, 76
Grippe, 77
Guêpe (piqûre de), 78

H
Haleine (mauvaise), 81
Hématome, 82
Herpès labial, voir « Bouton de fièvre », 27

I

Ictère, voir « Jaunisse », 93
Impétigo, 83
Indigestion, 84
Infection urinaire, 85
Ingestion de produits ménagers, 86
Ingestion de savon/shampooing, 87
Insolation, 88
Intoxication alimentaire, 89
Intoxication médicamenteuse, 90
Intoxication par les plantes, 91

J

Jaunisse, 93
Jaunisse du nouveau-né, 94

L

Laryngite, 95
Luxation du coude, 96

M

Mal des transports, 97
Maux de tête, voir « Tête (mal de) », 144
Méduse (piqûre de), 98
Morsure de chien, 99
Morsure par un autre enfant, 100
Morsure de tique, voir « Tique (morsure de) », 145

Morsure de vipère, voir « Vipère (morsure de) », 157
Muguet, 101
Mycose du pied, 102

N

Nausées, 105

P

Ongle incarné, 107
Ongles rongés, 108
Oreillons, 109
Orgelet, 110
Ortie (piqûre d'), 110
Otite, 111
Oxyures, 112

P

Panaris, 115
Pharyngite, 116
Phimosis du nourrisson, 116
Pipi au lit, 117
Piqûre de chenille, voir « Chenille (piqûre de) », 38
Piqûre de guêpe, voir « Guêpe (piqûre de) », 78
Piqûre de méduse, voir « Méduse (piqûre de) », 98
Piqûre de puce, voir « Puce (piqûre de) », 124
Piqûre d'ortie, voir « Guêpe (piqûre d') », 112
Plaie, 119

Poussées dentaires du bébé, 120
Poux, 121
Psiorasis, 123
Puce (piqûre de), 124

R
Reflux chez le nourrisson, 127
Rhinite, voir « Rhume », 129
Rhinite allergique, 128
Rhume , 129
Rhume de hanche, 131
Rhume des foins, 132
Ronflements, 133
Roséole, 134
Rougeole, 134
Rubéole, 136

S
Saignement de nez, 137
Scarlatine, 138
Scoliose, 139
Serpent, 157
Sinusite, 140
Strabisme, 141

T

Température corporelle basse, 143
Tête (mal de), 144
Tête plate, 144
Tiques (morsure de), 145
Torticolis, 146
Toux, 148
Trachéite, 150
Transport, voir « Mal des transports », 97
Traumatisme crânien, 151

V

Varicelle, 153
Ventre (mal de), 154
Ver solitaire (taenia), 155
Verrue, 156
Vipère (morsure de), 157
Vomissements, 158

Ma p'tite famille !

La collection de guides qui a l'esprit de famille

9,90 € / 13 x 19 cm / Illustrés par Nathalie Jomard

Mon mariage
Peggy Mignot-Paillet

Organisez votre mariage entre restant zen et détendu(e) !

Bientôt maman
Olivia Toja

Le compagnon indispensable de votre grossesse !

Le plus joli des prénoms
Sonia Julaud

Et vous, comment allez-vous l'appeler ?

La préparation à l'accouchement
Benoît Le Goëdec

Toutes les méthodes pour accueillir bébé en douceur !

Maman débutante
Olivia Toja

L'essentiel pour bien s'occuper de bébé !

Papa débutant
Lionel Paillès

Le guide que tous les jeunes pères attendaient !

Ma p'tite famille !

Le classeur de la famille organisée
Emmanuelle Hamet

L'organisation vous y avez goûté, vous ne pourrez plus vous en passer !

24,90 €

L'organiseur de mon mariage
Harmonie Spahn

L'outil indispensable pour organiser le plus beau jour de votre vie !

24,90 €

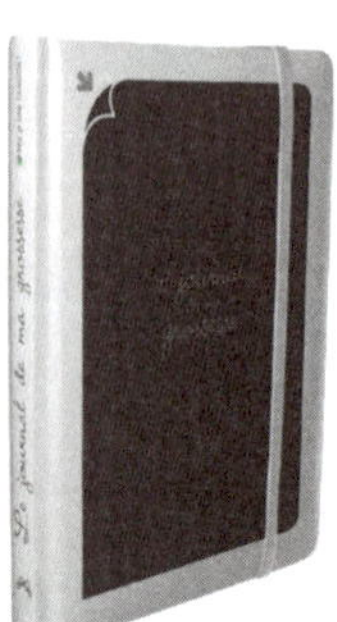

Le journal de ma grossesse
Olivia Toja

Pour tout comprendre et ne rien oublier de ces 9 mois !

12,90 €

Le p'tit journal de mon bébé
Olivia Toja

Un carnet tout doux à remplir pour ne rien oublier de sa première année.

12,90 €